CLO

Chief Logistics Officer

CLOの仕事

――物流統括管理者は物流部長とどう違うのか？

一般社団法人
フィジカルインターネットセンター　理事長
流通科学大学　名誉教授

森　隆行

同文舘出版

はじめに

2023年10月、政府は「物流の2024年問題」対策として、「物流革新緊急パッケージ」を発表しました。そのなかで、一定規模以上の事業者に「物流統括管理者（Chief Logistics Officer（以下、CLO）」の設置を義務づけることが明記され、2024年の通常国会において法制化されました。対象となる企業は、2026年度までにCLOを任命しなければなりません。

その結果、日本に3000~5000人の新たなCLOが誕生します。しかしながら、日本ではこれまでCLOという役職がほとんどなかったことから、企業も、また任命されるCLOも、役割について理解しないままその任に就くことになると思われます。

政府の求めるCLO像は、役員クラスを念頭に置いています。一方、日本の企業では物流担当の役員はほとんど見あたりません。そのため、多くの企業で物流の素人がCLOに就任することになると予想されます。

一般社団法人フィジカルインターネットセンター（JPIC）では、CLOを次のように定義しています。

「持続可能な社会と企業価値向上を実現するために、モノの流れを基軸としたサプライチェー

ンにおいて、経営視点で社内外を俯瞰した全体最適を図る役割を担う責任者」

ここで重要なのは、ロジスティクスを企業戦略に活用するという、経営の視点です。従来の物流部長は、せいぜいが「物流を統括」するまでが役割であり、企業戦略に活用するという視点がありませんでした。この点において、従来の物流部長とCLOは別物であることに注目していただきたいと思います。

本書は、一番のポイントであり、みなさんが一番知りたいことだと思われる、CLOの仕事とその役割について、まず第1章で提示し、第2章以下でその詳細を説明する構成にしています。

なお本書は、必ずしも物流の専門家ではない、新たにCLOに就任される方のための教科書という位置づけを想定しています。そのため、第2章から第4章では、物流の基礎的な知識を解説しています。これまで物流に携わってきた方は、この部分を省いて読んでいただいてもかまいませんし、再確認の意味で目を通すのもよいかと思います。

第1章では、CLOとは何か、その役割を概論的に解説しています。第2〜第4章では、物流、ロジスティクスおよびサプライチェーンの違い、サプライチェーンマネジメントと企業経営について、そしてサプライチェーンマネジメントと情報についてなど、CLOとして知っておくべき最低限の物流に関する基礎的知識を解説しています。第5章では、「2024年問題」「働き方改革」「モーダルシフト」「フィジカルインターネット」など、現代の物流の諸課題について取り上げています。第6章は、サプライチェーンにおいて予想されるリスクとリスクマネジメントについて取り上げました。CLOは、サプライチェーン全体に責任を負う立場になります。したがって、サプライチェーン上で起こり得る可能性のあるリスクとその対処について知っておくことが欠かせないため、ひとつの章を割り当てました。

CLOには、今まで物流に携わったことのない役員が任命されるケースもあれば、物流部長や物流を管掌していた役員が任命されることもあると考えられます。いずれにしても、CLOは物流だけを考える立場ではありません。生産や販売も含めたサプラチェーン全体を、経営の立場で考える必要があります。その意味で、物流だけに責任を持つ物流部長とは明らかに異なる、大きな責任と権限を持つ役職です。

本書が新たにCLOの任に就かれる方のための教科書となれば幸いです。また、CLOを任命する立場の社長、あるいはCEOの方にも、CLOの役割を知るために、ぜひとも本書を手に取っていただきたいと思います。

最後に、本書のために快くインタビューに応じてくださった方々に心から感謝申し上げます。また、出版にあたって大変お世話になりました同文舘出版株式会社ビジネス書編集部の竹並治子氏に厚くお礼申し上げます。

2024年6月吉日

森　隆行

CLO〈Chief Logistics Officer〉の仕事 ── 物流統括管理者は物流部長とどう違うのか？

第2章 物流・ロジスティクス・サプライチェーン

第3章 SCMと企業経営

第4章 SCMとデジタル化・DX

第5章 物流の諸課題

第6章 サプライチェーンにおけるリスクマネジメント

カバーデザイン　二ノ宮匡（ニクスインク）
本文デザイン・ＤＴＰ　草水美鶴

第1章

CLOの仕事

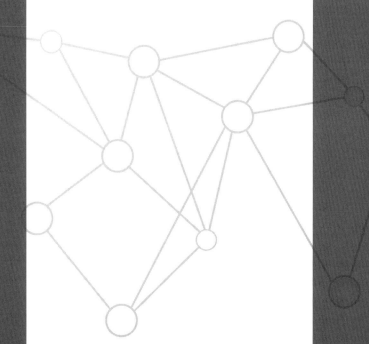

1

ＣＬＯの定義

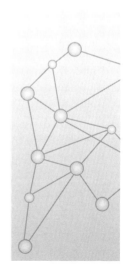

２０２３年、政府は「物流の２０２４年問題」対策として「物流革新緊急パッケージ」を発表しました。そのなかで一定規模以上の発荷主、着荷主（特定事業者）は役員クラスの「物流統括管理者：ＣＬＯ」を置くことを明記し、２０２４年通常国会において法制化されました。準備期間を経て、２０２６年度には対象企業は「物流統括管理者」を置くことが義務づけられます。これにより、３０００〜５０００人の「物流統括管理者」が誕生するものと見込まれます。

欧米では、ＣＬＯ（Chief Logistics Officer）と呼ばれるロジスティクス、あるいはサプライチェーン全体を統括する役員の存在は珍しくありませんが、日本では一握りの企業でしか見られません。そのため、任命する側も、任命された人も、「物流統括管理者って何？　何をすればいいの？」と戸惑うことが多いのではないでしょうか。そこで本章において、その疑問に対する答えを用意しました。

欧米では、「物流統括管理者」を意味する用語はＣＬＯを含めていくつかあるようです。本書では米国で一般的に使われている「物流統括管理者」をＣＬＯといういい方で統一します。「ＣＬＯって何？」に対する答え、つまり、ＣＬＯの定義ということですが、絶対的な定義はありません。したがって、ここで示すものは、著者による定義です。

ＣＬＯとは、**「企業活動におけるサプライチェーン全体に対して責任と権限を有する役職」**です。サプライチェーンは、製品の原材料・部品の調達から生産、販売、回収・廃棄にいたる領域で、モノの流れだけでなく、資材管理や研究開発、財務・会計までを含む概念です（詳細は第３章参照）。決して物流・ロジスティクス[1]に留まるものではありません。サプライチェーン全体を統括することから、欧州などでは「ＣＳＣＯ（Chief Supply Chain Officer）という呼び方もありますが、米国では、同じ意味でＣＬＯといういい方が一般的です。

また、ＣＬＯという役職を置かずに、副社長などの上級役員がサプライチェーンを担当するケースもあります。例えば、日清食品では、日本では「サプライチェーン本部長」、米国現地法人では副社長が担当、欧州現地法人では「ＣＳＣＯ」という役職者がサプライチェーンを統括しています。

1　物流、ロジスティクス、サプライチェーンの関係は第２章（図２-２／図２-３）参照。

2

ＣＬＯの役割

日本の企業組織は、調達部門、生産部門、営業・販売部門、物流部門などが縦割りになっており、情報の伝達や意思決定がそれぞれ個別に行われる傾向にあります。そのため、ある部門の活動が他の部門の活動にマイナスに働く、いわゆる部門と部門とがトレードオフの関係になることが少なくありません。

これは、物流における各機能の関係にもあてはまります。例えば、輸送コストを抑えた結果が保管コストの増加を招くといったことは、よくあることです。

ＣＬＯがサプライチェーン全体に責任を持つことで各部門の調整役となり、トレードオフの発生を防ぎ、全体最適を実現することが、ＣＬＯの重要な役割です。

デルコンピュータや、スペインのアパレルブランド・ＺＡＲＡを例にとってみましょう。これらの企業は製品をすべて航空輸送しています。物流という視点で見れば、海上輸送に替えれば輸送コストは劇的に下がります。しかし、彼らの選択は、輸送コストが高くても輸送・配送

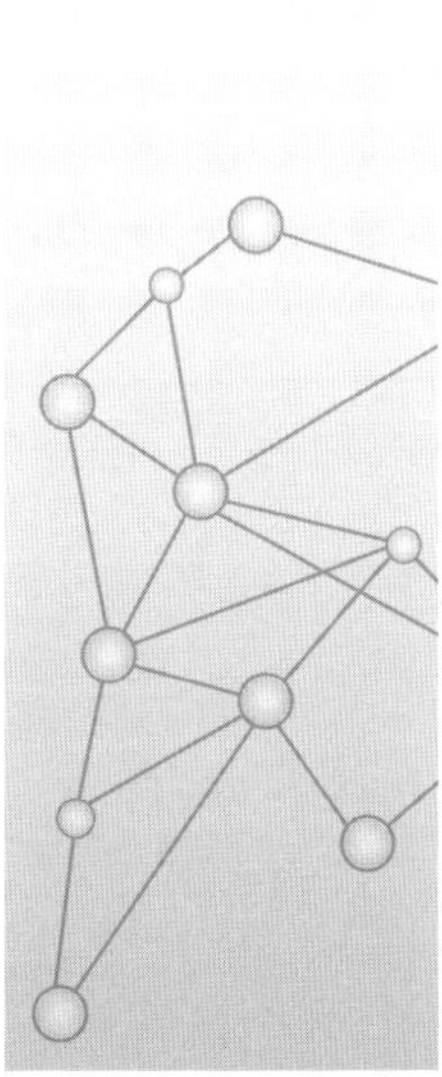

のスピードを優先することでした。顧客に早く製品を届けることをビジネスモデルにしていることから、販売を物流コストに優先させているのです。これは経営戦略そのものです。物流だけを考えていては、こうした判断はできないでしょう。

従来は、生産や販売が経営課題の中心で、物流は経営課題として認識されてきませんでしたが、物流・ロジスティクスは現在の企業経営における中核的な存在になっています。残念ながら、日本企業にはそうした認識が薄い企業が多いのも事実です。そうしたなかで、新しく誕生するＣＬＯは、ロジスティクスを経営レベルで考え、戦略に生かすことが求められます。

ＣＬＯが、法的に求められている具体的な仕事があります。それは、**物流の効率化**です。効率化を実行するために、まず目標を設定し、その目標に対する成果を報告することが法的に義務づけられます。

ここで省エネ法が参考になります。省エネ法では、一定以上の物流量を扱う、あるいは車両を有する企業はCO_2排出量削減目標を設定し、その結果を公表することが義務づけられています。それと同じようなことが、今回の改正物流法の対象企業に求められており、その責任者がＣＬＯです。現時点では、その評価方法などは具体的になっていません。

3

ＣＬＯ協議会の設立

２０２４年2月、一般社団法人フィジカルインターネットセンター（ＪＰＩＣ）[2]は、経済産業省と国土交通省の支援のもと、「ＣＬＯ協議会」の設立を発表しました。ＣＬＯ協議会の役割は、まず、「ＣＬＯの定義」や「ＣＬＯによる物流効率化の目標設定やその評価方法・基準（ＫＰＩ）」を作成し、提案することです。２つ目は、ＣＬＯが自らの役割について学ぶ場の提供です。そして3つ目は、ＣＬＯのネットワーク作りで、これが最も重要な役割だと考えられます。つまり、ＣＬＯが集う、業界や企業の垣根を超えた情報交換の場を提供することです。多くの企業の役員クラスの人たちが集まり、情報が交換されることで、新たな取り組みやビジネスモデルが生まれることが期待されます。それは、フィジカルインターネットの概念の実現に他なりません。また、いろいろな意見を吸い上げて行政などへの提言も可能です。

こうした話し合いの場には、荷主企業だけでなく、物流企業の参加も不可欠なので、ＣＬＯ協議会では物流企業の役員クラスの人にも参加を呼びかけています。

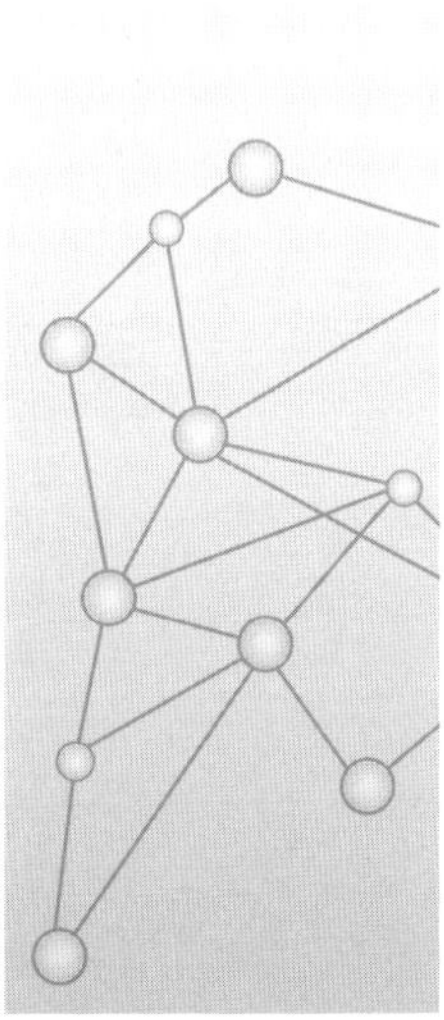

4

CLOの誕生で何が変わるか

①日本におけるロジスティクス軽視の背景

３０００～５０００人の、各企業の役員クラスのＣＬＯが一挙に誕生することで、**日本の産業界に大きな変革をもたらす**と思われます。

これまで日本の荷主企業では、物流は軽視されてきたといえます。もっといえば、日本は歴史的に見ても物流・ロジスティクスを重視してきませんでした。太平洋戦争の敗因のひとつがロジスティクスにあったといわれているほどです。前線の海外展開において、食料など必要な物資は現地調達だったといわれています。

ロジスティクスという用語自体が、もともと米軍で使われていたもので、米軍は歴史的にもロジスティクスを重視してきました。その考え方は、現代にも受け継がれているようです。例えば、かつての湾岸戦争（１９９０～１９９１年）をみても、開戦までに数ヶ月の準備期間を

2　2022年設立。理事長は森隆行（流通科学大学名誉教授）。https://j-pic.or.jp/　フィジカルインターネットについては第5章11を参照。

要しています。武器・弾薬・食料など戦争継続のために必要な物資の輸送・在庫を準備するためです。また、米軍は有事の輸送手段の確保のために、民間商船に対して平時から補助金を出しています。有事の際に米軍の貨物を優先的に輸送する契約となっているのです。

現在の自衛隊の輸送艦隊はどうでしょう。必ずしも十分ではないのではないでしょうか。

こうしたロジスティクスに対する認識の違いは、民間企業にもあてはまります。先述の通り、欧米企業では、CLO等の役員がロジスティクスやサプライチェーンを担当するのは一般的ですが、日本企業で役員がロジスティクスやサプライチェーン全般を統括しているケースは非常に少ないようです。その結果、日本企業で物流やロジスティクスが経営課題として取り上げられることは稀で、経営陣に、経営におけるロジスティクスの重要性への認識がないといえます。

これまで、日本の経営者の多くが、「物流サービス（輸送・保管など）は、いつでも必要な時に、**低価格で**提供される」という認識だったのではないでしょうか。その理由のひとつに、物流・ロジスティクスを担当する経営層（役員）の不在が挙げられます。逆に、いち早くサプライチェーンを統括する役員を置き、ロジスティクスを経営課題として取り組んでいる企業は、すでに大きな成果を上げているようです。

ちなみに、米国においてはサプライチェーンの統括組織を有する企業は、2010年時点で86％です[3]。ほとんどの組織がサプライチェーンの統括組織を持っていて、統括組織の責任者はCLOということです。そのCLOの地位は、製造担当役員より上位にあるのが一般的です。

米国では、ＣＬＯを経てＣＥＯになるケースが多いことからも、ＣＬＯの立場が想像できます。ＣＬＯはＣＥＯに一番近いポジションかもしれません。実際に、ＣＬＯを経てＣＥＯに就任した例は少なくありません。例えば、アップルのティム・クック、ターゲット・コーポレーションのブライアン・コーネル、ウォールマートのダグ・マクミロン、ゼロックスのウルスラ・バーンズなどが挙げられます。

ＣＬＯはサプライチェーン全体を把握する立場にあります。ある意味で、企業活動全般を把握しているといえるかもしれません。ＣＥＯに一番近いというのもいい過ぎではないでしょう。

②ＣＬＯ誕生で物流効率化が加速

役員クラスのＣＬＯの設置が法的に義務づけられることで、３０００～５０００の企業でＣＬＯが誕生し、企業におけるロジスティクスへの認識が変わり、経営課題として取り上げられるようになるでしょう。物流・ロジスティクスが物流部門だけの問題ではなく、経営全体の問題となるという意味です。

その結果、日本の産業界全体の物流・ロジスティクス改善への取り組みが加速され、企業におけるロジスティクスの効率化が進むと期待されます。物流・ロジスティクスの重要性が社会的に認知されることで、物流分野で働く人のモチベーションも上がることでしょう。

３　「ＬＯＧＩ／ＢＩＺ」２０２４年１月号

また、先述のCLO協議会などを通じて、企業・産業の枠を超えた役員レベルのCLOによる情報交換がよりスムーズに、より活発になります。その結果、異なる企業や業界間の共同化や提携が活発になります。なぜなら、物流・ロジスティクスの効率化は単独の企業では成し得ないからです。

こうした好循環に期待したいものです。

③CLO誕生は大学教育にも影響

CLO誕生による変化は、大学教育にも影響を与えると思われます。

これまで企業は、新卒採用にあたり、特に文系学生には専門知識を要求してきませんでした。専門知識は入社してから教育するというスタンスだったといえます。変化のスピードが加速している現代では、新興企業を中心に、即戦力となる労働力（つまり専門知識を有する）を必要とするようになっていますが、供給側である大学の教育内容は変わっていません。需要側（企業）と供給側（大学）のギャップは徐々に広がっているといえます。特に、物流・ロジスティクス分野ではその傾向が顕著です。

海外には、物流・ロジスティクスを専門に学べる学部・学科があります。また、大学院で物流を専攻する学生も少なくありません。こうした高学歴で専門知識を有する人材を受け入れる企業も多くあるのが実情です。海外では、物流分野で働く人材の高学歴化が進んでいます。一方日本では、残念ながら物流やロジスティクス関連の学部や学科を設置している大学は皆無で、これまで日本の物流教育は、主に業界が担ってきたといえます。日本ロジスティクスシステム協会（ＪＩＬＳ）などの業界団体が実務プログラムを実施しています。

社会が急速に変化しており、産業界の大学へのニーズも変化しています。「専門教育は入社後」という従来の考え方から、「ある程度の専門知識は大学で学んでほしい」と考えるように変化しているようです。日本物流団体連合会が大学で物流講座を提供するなど新たな動きも見られます。これは、産業界が現在の大学の物流教育に満足していないことの表れだといえます。大学もこうした産業界の変化、大学へのニーズの変化を受け入れ、教育内容を変え、産業界とのギャップを埋める努力をするべきでしょう。

米国における、ロジスティクスの大学教育の広がりがわかる例を次に挙げます。

２０１４年、米国最大の物流団体であるＣＳＣＭＰが、会員の大学での専攻と学歴を調査した結果[4]によると、回答者の50％がロジスティクスを専攻していました。そのうち６％が博士号の学位を有しており、修士が９％、ＭＢＡが11％、学士が20％という結果でした（次ページ図参照）。

ＣＳＣＭＰの会員が高学歴である傾向を考慮しても、物流を大学で学んだ学生が半分を占めるというのは、驚くべき数字です。

4　CSCMP（Council of Supply Chain Management Professionals)「2014 Carria Perspectives of Logistics & Supply Chain Management Professionals」

図1－1 2014年CSCMP会員の「物流」専攻割合と学歴

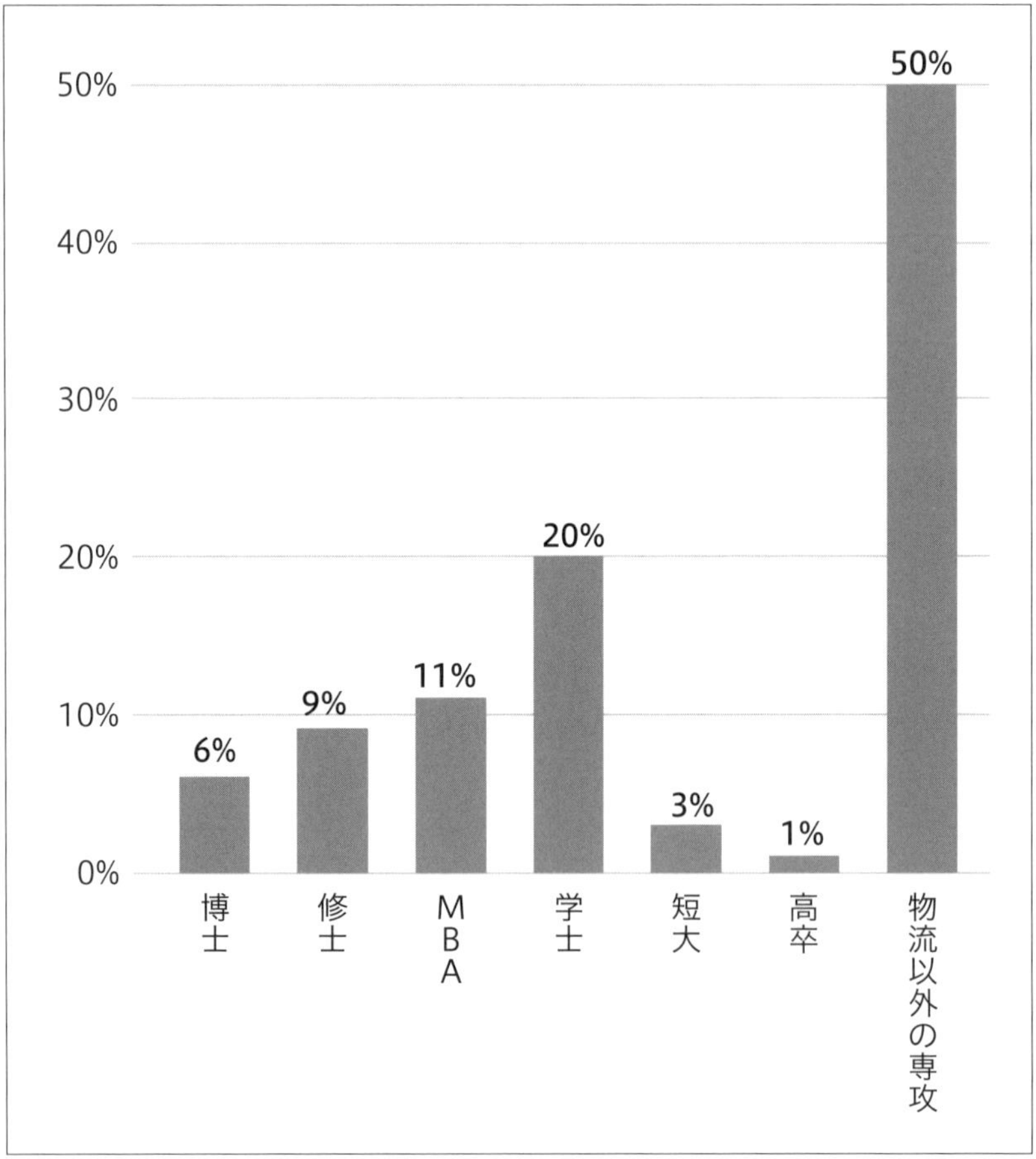

出所：CSCMP「2014 Carria Perspectives of Logistics & Supply Chain Management Professionals」

OPINION

経済産業省　商務・サービスグループ　消費・流通政策課長
物流企画室長（併）

中野　剛志　氏

森：これからCLOが法制化されるわけですけれども、CLOの条件、基準はどのようなものになるとお考えですか（※注　2024年4月26日、国会において「流通業務の総合化及び効率化の促進に関する法律及び貨物自動車運送事業法の一部を改正する法律案」が可決・成立。同年5月15日、改正法〈令和6年法律第23号〉が公布）。

中野：今回の改正法における「物流統括管理者」としてイメージしているのは役員クラスで、各社の物流全体を統括できる方です。ここでいう物流とは、「販売物流だけではない」というのがポイントです。調達物流と販売物流の両方を俯瞰して見て、経営にサプライチェーンマネジメントの観点を反映できるようなしかるべき方、ということになります。時折、「うちの会社には、役員じゃないんですけど物流担当の部長がいるので、彼でもいいですか」というような質問を受けますが、私たちのお答えは、その方が物流全体を統括し、調達も販売も見ることができて、かつ、それに関連する製造・販売分野、あるいは投資の決定にも影響を与えられる方であれば、別に役員にこだわることはない、というものです。逆に役員であっても、実力がなかったら駄目ですね。もちろん、各社の状況に応じてではありますが。もう1つ、よくある質問が「ホールディングスで1人でもいいですか」といったものです。もちろん、ホールディングス全体で見たほうがそのホールディングス全体の物流の効率化という観点で適切という場面はあるので、そういう方がおられるのはまったく構わないんですが、法律上は法人格ごとの設置になると思います。だから法律上はホールディングスで1人とはいきませんが、ホールディングス全体で見たほうが全体の物流が効率化できるという意味ではいいアイデアで、法律の外でそういう方がCLOのような存在としているのは、大変面白い取り組みだと思います。

森：なるほど。調達物流・販売物流の両方の物流を統括し、他部門にも影響して、ということでは、サプライチェーン全体を統括するというイメージですね。

中野：そうです。その意味では、物流の効率化のために、例えば積載効率を上げるためにパッケージ、もっというと製品自体の形を設計段階から織り込むようなら、製造部門に影響を与えられる方じゃないといけないし、納品のリードタイムを延ばすことで物流を効率化しようとする場合は、当然、販売部門と販売戦略立案に影響を与えなきゃいけないし、物流の自動化・効率化のために投資を行なうということであれば、投資の優先順位として、それを高く位置づけられるように経営にコミットしている方じゃないといけません。

森：CLOの設置が義務づけられるのは、すべての会社ではありませんね。どういう会社が対象になるのでしょうか。

中野：法律上の設置の義務を課されるのはすべての会社ではなく、法律が成立した後の施行の段階で決まってきます。努力義務は全事業者に課されますが、努力義務にとどまらない物流統括管理者の設置等の法的義務のほうは、国が指定する「特定事業者」と呼ばれる、比較的大規模な企業に課されます。その規模の基準は、荷主であれば扱っている物資のうち一定条件を満たすものの年間の合計重量、その基準をどこにするかは、施行の段階であらためて決めていきます。大雑把にいえば、比較的大手の企業が、ＣＬＯの設置を義務づけられます。法律上は、

特定事業者は一定期間の物流改善のための計画を策定して国に提出し、毎年度の自社の物流の状況を国に報告するといった義務になります。そうした中長期計画の策定や報告の提出という行為の一義的な責任は、事実上、ＣＬＯが負うことになると思いますので、その責任は重いといえますね。

森：なるほど。では、法律が今国会で成立すると、いつから実施となりますか？

中野：細かく分かれていて、本体部門、いわゆる全事業者への努力義務等の措置は、法律の公布後１年以内の施行となります。その１年以内の間に特定事業者の基準を決めたり、荷主企業が守る

べき判断基準を策定したりするという流れになります。
森：そうすると、CLOを任命するのはいつからになるでしょうか？
中野：特定事業者の基準が法律の公布後1年以内に決まり、その後、各事業者が年間の重量を計測し、それを踏まえて特定事業者が指定されてからになりますので、その意味では全事業者への努力義務が課されてから、さらに1年先になるというイメージです。
森：すると、2026年というイメージでしょうか？
中野：そうですね。うちの会社は特定事業者になるとわかってくるのが2026年からで、その際に指定されたりということになると思います。
森：ありがとうございます。この法律が成立することで、何人くらいのCLOが誕生すると見込まれますか。
中野：対象となる企業は3000社くらいと見込んでおり、3000人くらいですね。
森：法的にCLOに求めることは、目標などを作成し、報告するということでしょうか。
中野：CLOに求められているのは、自社の物流全体を管理・統括すること、と法律上はなっています。事実上、計画の策定や国に対する報告の責任は、一義的にCLOが前面に立つ感じになるでしょう。場合によっては、今話題の「トラックGメン」で国から勧告を受けたりすると、会社の名前が公表されるわけですが、会社の代表は社長であっても、世間の目はCLOに向くでしょうね。その意味では、CLOの責任は重いし、それに伴って社内での地位もそれなりに高くなるんじゃないでしょうか。

森：今いわれた「トラックGメン」は、もう動いていますよね。

中野：動いています。

森：CLOはまだ任命されていませんが、会社に対してはすでにいろいろやられているわけですね。

中野：はい、2024年に入り勧告はすでに2社に対して出されています。

森：そうすると、今は経営者に目が向けられていますが、今後、そういう目が向くのはCLOということになるのですね。

中野：そうなるでしょうね。「あそこの物流は何をやっているんだ」「CLOは出て来い」となりますよね。

森：その意味では、法律で定めること以外にも大きな責任があるわけですね。

中野：法律は「物流を全部統括する人間を選任しろ」と書いてあるくらいですが、おそらく法律に書いてある以上の大きな効果が出てくるでしょう。今回の改正物流効率化法が施行されると、特定事業者のうち、例えば荷待ち・荷役の時間が長すぎるなど、物流に対する悪影響が大きいような会社に対して勧告や命令を出せることになっています。勧告された会社の名前は公表することになります。また、設置の義務が課されるのは特定事業者に限られますが、全事業者にCLOの設置が推奨はされると思います。もちろん、中小零細の会社もあるので、いちいち義務にはしませんが、ただ、「物流がわかる人がちゃんといてくださいね」という意味では、法律上の厳密な義務ではありませんが、設置が推奨されると思います。

森：「トラックGメン」はどこに所属しているのでしょうか？

中野：「トラックGメン」は、貨物自動車運送事業法の働きかけ制度に関連している制度なので、国土交通省の所管です。

森：そうすると、先ほどの勧告命令を出すのはどちらになるのでしょうか？

中野：「トラックGメン」に係る勧告は、国土交通省が貨物自動車運送事業法に基づいてやります。今回の改正物流効率化法に基づく荷主への勧告は、荷主の所管省庁、例えば経済産業省がやります。

森：勧告は内容によって出すところが違ってくるということですね。

中野：そうです。例えば、農業関係だったら農林水産省となります。

森：農業も特定荷主の対象になるのですか。

中野：なり得ます。例えば農業組合や農業法人、大規模な農家。あとは食品加工業も含まれる可能性があります。

森：ところで、少し広い意味で考えて、今回ＣＬＯが誕生することで、社会や産業にどんな影響が出ると期待していますか？

中野：考えられる、もしくは期待しているのは、経営戦略の中心に物流、より広くサプライチェーンマネジメントを根づかせることです。物流の人手不足は今後も続くので、物流の逼迫とか物流のコストアップはこの先もあるという構造になっていて、かつ国際的には紅海・スエズ運河のような地政学的リスク、あるいは能登半島地震のように災害のリスクも高い。つまり、サプライチェーン寸断のリスクは以前以上に高まっています。

こうしたなかでは、企業の国際競争力の源泉は、物流・サプライチェーンマネジメントがしっかりしているかどうかにあります。それはいい製品を作るとか、いいサービスを提供するだけではなく、サプライチェーンが強靭であること、物流が効率的であること、これが企業の競争力の大きな源泉にならざるを得ません。物流についてさほど心配する必要がなかった時代は、物流が国際競争力の源泉になることは考えにくかった。それゆえ、過去20～30年間は、とりわけ日本の企業は、物流を子会社化し、さらには子会社も売ってしまい、物流事業者に丸投げしてやってきました。企業の戦略として、物流やサプライチェー

ンマネジメントをさして考えないでもよかったのでしょうけれど、これからは調達物流であれ販売物流であれ、そうはいきません。サプライチェーンになると、取引先も含みますから、効率化の概念が工場や一企業を飛び出して、一気に拡大するわけです。これまで日本企業は、工場内の効率化やデジタル化・自動化には非常に長けていましたが、その考え方を、自社を超えて拡大することになります。そうすると、自分の会社を代表して取引先と調整できる人間じゃないと駄目だということになり、CLOというのは非常に重要な存在になってきます。要するに、自社のなかでの効率化や生産性の向上を、サプライチェーン全体で他社も巻き込んで垂直に連携することができる。他社との水平の連携もオーガナイズできる。そういう経営戦略・企業戦略が拡大していくはずで、そういう俯瞰的な経営戦略のほうに舵を切るきっかけにCLOがなる、ならなきゃいけないと思います。

森：そうすると、CLOが生まれることによって、企業の戦略はもちろん変わるわけですが、産業界にはどんな影響が出るでしょうか。

中野：産業界への影響でいうと、産業構造の変化という意味で、大きな変化が起きると思っています。起きなければ競争力で負けるだけの話なんですが。それは、これまでは「選択と集中」で、「コアなところ以外はアウトソースして、必要なものは技術であれ、物流の能力であれ、外から提供してもらえばいい」といったイメージでいたものが、これから「どこでサプライチェーンが寸断するかわからない」という時代になると、当然不安だから、「手の内化しよう」となるのではないでしょうか。一番極端なのは内製化ですが、内製化がきつければ連携を強める、系列化する。系列化もきつければ、企業間連携を何らかの形でもっと強めていく方向に進むでしょう。おそらく、サプライチェーンの上流から下流という、いわゆる垂直統合、垂直連携、垂直の囲い込みがはじまってくるでしょう。もしくは、それを進めた会社が勝ち残る。この垂直の統合、垂直の囲い込みは、連携のコストが非常にかかり、調整のコストも増えるので、なかなか難しかった。だから今まではそれをアンバンドリング（分割）していたわけですが、今やデジタル化のおかげでそういう調整コストが極端に下がって、他社と上流から下流まで一挙に連携をしても、さしてコストはかかりません。下流のほうで、AIで需要を予測してもらって、そのデータを上流まで飛ばして、その情報が上流から下流まで同期的にシェアできれば、サプライチェーンの波を平準化してリードタイムを短くすることは、いとも簡単にできます。それがなぜできなかったかというと、デジタル化が遅れていることに加えて、そもそも企業間の上流から下流で連携していないので、デジタルの技術がいくら発達したところで、連携していないものはどうにもなりませんでした。ここでCLOが誕生して「連携しよう」「でも、連携するにはどうしたらいいか」となった時に、「デジタルの技術があるよ」となれば、話

は全然変わってきます。いったんそれがうまくいくと、「なんだ、上流から下流で連携したり、手の内化するのって、大してコストがかからないから、もっと手を伸ばそうか」「もっと手を伸ばすためには、デジタルテクノロジーのよりよいものがあるじゃないか」といったように、上流から下流までの連携が、デジタル化と相まってどんどん伸びていくのではないでしょうか。それは、物流コストが安くて世界が平和だった２０００年代には到底考えられなかったことで、あの頃はむしろアウトソースばかりしていたんですよね。それが流行で、そうしないと生き残れない、グローバリゼーションだ、といっていたんですけど、それは間違いだった。

森：サプライチェーンマネジメントといいながら、これまでは本当の意味では機能していなかったということでしょうか。

中野：そうです。当然、リアルタイムで把握していません。理想をいえば、むしろ需要側からさかのぼって、上流の供給側に「いつ・何を届ける」という情報を、先に上流に提供すれば、上流のほうで準備をして製品を流せますよね。でも、今はサプライチェーンをマネジメントできていなくて、下流の情報を上流に上げていないから、上流のほうは当てずっぽうで下流にいわれるままに製品を流しています。で、返品をしなきゃいけなくなったり、在庫を抱えたり、あるいは急に持ってこいといわれたりするものだから、積載効率は下がるといった状態です。もっと効率がよくなる、積載効率が上がるだろうから、需要を予測して早めに上流にその情報を伝えるなんていう、下流の需要の情報を上流に逆行させて流すことは、ほぼやっていないはずですが、これをやることがものすごく重要です。もし、需要の変動を平準化することができれば、物流事業者は多重下請けに出す必要がなくなってきます。「多重下請け構造の是正」とはよくいわれていますが、それは物流事業者の多重下請けを、例えば「2次までにする」といった対策ではどうにもならなくて、多重下請けは物流の需要の変動・波動が大きいために、物流事業者がすべてを抱えていると効率が悪いので、外に出す。だから、物流の需要の変動が大きいと、必然的に下請けは多重に階層化していくものなのです。

森：物流を平準化する必要があるということですね。

中野：おっしゃる通りです。だから、平準化をしなければなりません。平準化するためには、下流から上流に早めに情報を流すという、今までと逆の流れが必要になるわけです。上から来るのを待っているだけだったのが、下から先にマネジメントするという、180度反対の発想です。それを実行し、物流の需要が平準化した時にはじめて、多重下請けをする必要はなくなり、層が薄くなる。そうなると、産業界への影響は非常に大きいのではないでしょうか。

森：CLOが誕生することによって、今まで以上に垂直統合が進むということですね。垂直統合が進めば、情報の流れが下流

から上流に逆流し、物流が平準化される。そうなれば、特にトラックの多重下請け構造という大きな問題が解消されるということですね。その他、水平の統合、水平の連携についてはいかがでしょうか。

中野：それもあり得ますね。水平の連携もおそらく同時並行で進むのではないでしょうか。同業他社で「物流は協調領域だから、共同輸配送を一緒にしよう」とはすでに皆さん考えているわけですが、それを実行するには、投資をしたり、様々な調整が必要になります。調整をする時には、販売戦略や製造戦略といった、企業にとってかなりクリティカルな情報を共有することが求められるでしょう。そういったところで足並みを揃えないと、共同輸配送はできないわけです。今まででそれがなかなかできなかったのは、共同輸配送しようという意識が経営陣になかったからです。経営陣にその意識がないと、経営戦略を共同輸配送しやすいように調整するということはできません。だから、物流担当の人たちだけで他社と話し合っても共同輸配送はできなくて、経営全体の変更に影響を及ぼすような人が意識を持って、「もっと積載効率を上げたい」「共同輸配送の相手を探そうじゃないか」「パレットの標準は、あなたはこうしてくれ。その代わり、我々はこうするから」といった調整が必要になるのです。問題意識を持ち、投資の決定ができて、企業の行動変容を促すことができる人が生まれて、はじめて共同輸配送のプロジェクトができるわけです。これからCLOが決まってくることで、CLOは、どうしたら積載効率が上がるんだろう、なぜ共同輸配送ができないのだろうと考え、同業他社、あるいは地域内の他の企業のCLOのところに話に行く。すると、相手方のCLOも同じ問題意識を持っているので、話は非常に早い。だから、水平の連携にもおそらくつながってくるでしょう。これが産業構造に与える影響は、おそらく大きいはずです。なんとなれば、「物流を効率化するために共同輸配送をしなきゃいけない。物流は協調領域だ」、最初はこれではじまるんですが、やってみると、先ほど申し上げたように、物流というものは経営戦略そのものに埋め込まれていて、経営戦略を変えないことには物流も変えられない関係にあることに気づきます。したがって、結局2社の経営戦略が、共同輸配送のプロジェクトを実行するために大きく変わってくるでしょう。その過程で、物流以外のことについても連携できるんじゃないかという気になってくる、そのネタが見つかるはずです。共同輸配送がうまくいきはじめると仲よくなって、「他にもできることはないか」といった形で、例えば、物流の肩代わりだけじゃなくて、生産の肩代わりみたいなこととか、原材料の共同調達とか、いろんなことをやりはじめる会社が出てくるのではないかと思っています。そうすると、垂直統合と水平連携で、織物の縦糸と横糸みたいな感じで産業構造が新たに織り成されて、おそらく別のものになっていくでしょう。そして、水平連携の時にもデジタル化が大きな効果を発揮するでしょう。

森：水平連携で共同輸配送がさらに拡大して、今いわれたように、物流だけではなく他のところにも影響し、垂直・水平両方の連携が強化されることで、産業構造そのものが変わってくるだろうということですね。

中野：そう思いますね。まだそこまで気づいている人はいないし、本当にそうなるのかはわかりませんが、論理的に考えると、そうなるのではないでしょうか。リスクと不確実性がより一層高まるこれからの世界で、産業構造を変えようとする時には、ある意味、物流という裏口から入って表から出るのが、近道なのかもしれません。

森：今、産業の話をしましたけれども、消費者には何か影響が出るでしょうか。

中野：これだけ物流危機が話題になっているので、消費者の問題意識も変わるでしょう。ただ、こういってはなんですが、所詮ＢtoＣ物流は全体の１割以下に過ぎません。マスメディアが取り上げる物流危機の話題は、「宅配便が届かなくなる」というイメージがありますし、ｅコマースが急速に発達したので皆さんそこに注目しがちですが、全体で見ると、割合はそんなに高くはありません。むしろ消費者への影響という意味では、過疎でだんだん買い物へのアクセスができなくなる地域が増えてきて、物流に頼らざるを得なくなることのほうが問題です。物流が非効率でコストがかかるとなると、地方の共同体が死んでいってしまいます。今回の改正物流効率化法の成立を機に、物流の効率化がうまくいけば、地方の隅々まで物が届くし、地方から出てきた産業、地方で作られた製品を全国に届けることもできます。その意味では、物流

が効率化されていて余裕がある状態は、今後増えてくるであろう地方の消費者、高齢者、買い物弱者といわれるような人たちへの対応として、ものすごく大事だと思います。逆にいうと、「物流のコストが高いから、今住んでいるところは捨てて、都会の集合住宅に入ろう」といったことをしなくて済みます。特に地方の農業における輸送能力不足は深刻です。農業の物流が効率化しないと、非常にまずいですよね。そういった意味では、地方の生活者への影響は、すごく大きいのではないでしょうか。

森：最後に、こういう状況のなかで我々ＪＰＩＣに期待することをお聞かせいただけますか。

中野：先ほど申し上げたように、垂直統合・水平連携など、企業間の連携が非常に重要になってきます。そこで、その連携の場を提供していただきたいというのが１つ目。２つ目に、その連携ごとに、Ａ社連合とＢ社連合とＣ社連合のそれぞれがＡの標準、Ｂの標準、Ｃの標準と違ってしまうと、「ＡＢＣの連合」ができなくなってしまいます。したがって、各社がそれぞれ企業戦略で連合は組むものの、後に、好きな時に別の組み合わせもできるように、インターフェースは標準化しておいてほしい。そのインターフェースの標準化を、ＪＰＩＣに管理してもらい

たいです。３つ目に、情報交換の場として機能していただきたいです。この産業構造の変化は新しいし、デジタルの技術も新しく、大きな変化が起きてくるので、今ＣＬＯになっても何をしていいかわからない人は少なくないでしょう。あるいは、産業が変わり、デジタルのイノベーションが進む過程で、今までと違う考え方が生まれたり、新しいサービスが生み出されたりすると思います。実際、小売業がネット販売をはじめた例もあるわけです。だけど、ネット販売はデジタルだけでなく、物流もわかっていなければうまくできません。このように、世の中が変わっていく時には新たなビジネスが出てきたりして、皆迷うと思うので、情報交換の場が必要です。「こんなやり方があるのか」「こんなニュービジネス、ニューサービスを生み出したスタートアップがあったのか、知らなかった」、これを各社がそれぞれ探しに行くのではなく、ＪＰＩＣに来れば大体キーパーソンがわかる、動いているトレンドが見える、そんな場であってほしいですね。これは、ビジネスから少し遠い行政にはなかなか難しいので、ＪＰＩＣに担ってもらえると、非常に助かります。最後に、今回の法律が典型ですが、例えば物流がフィジカルインターネットのほうに変化していくと、既存の法規制では駄目だということになるかもしれません。そこで、新たに

法制度を作る必要が生じた時に、どういったものを、いつ作ればいいかを、適時適切に判断し、実行することが行政には求められます。したがって、そうした民間の動向を常に把握するためにも、民間の最新の物流の動向に我々がアクセスできるようなアクセスポイントとして、ＪＰＩＣに民間と行政をつなぐブリッジの役割を担っていただきたいと思います。民間の側からすると、「ＪＰＩＣに行けば行政の情報もわかる」、あるいは「ＪＰＩＣにいえば行政に伝わる」といった場になっていただけると、すごくうまくいくように思います。

（２０２４年2月1日インタビュー）

第2章

物流・ロジスティクス・サプライチェーン

1

物流概念の変遷

物流と似た言葉にロジスティクスやサプライチェーンマネジメント（ＳＣＭ）があります。これらは混同されることが多く、特に、物流とロジスティクスの意味を理解し、使い分けている日本のビジネスマンは半分ほどではないでしょうか。ＣＬＯの仕事を考えるうえでは、これらの言葉を整理しておくことが必要です。これらの言葉の定義は、研究者や関連団体がそれぞれ定義づけしているものが多数存在します。また、時代とともにその定義も変化しています。

ロジスティクスは「兵站《へいたん》」と訳されるように、もとは軍隊用語でした。１９６０年代までは軍隊でしか使われていませんでした。この頃民間では、荷役、倉庫管理、輸送／配送、仕入れ／調達、顧客サービスなど、それぞれが独立していました。その後、米国からPhysical Distributionという概念が導入され、１９６５年の運輸白書に「物的流通」という言葉が登場しています。１９６０年代後半から徐々にこの物的流通が日本の産業界に浸透しはじめ、物的流通の短縮語として物流と呼ばれるようになりました。

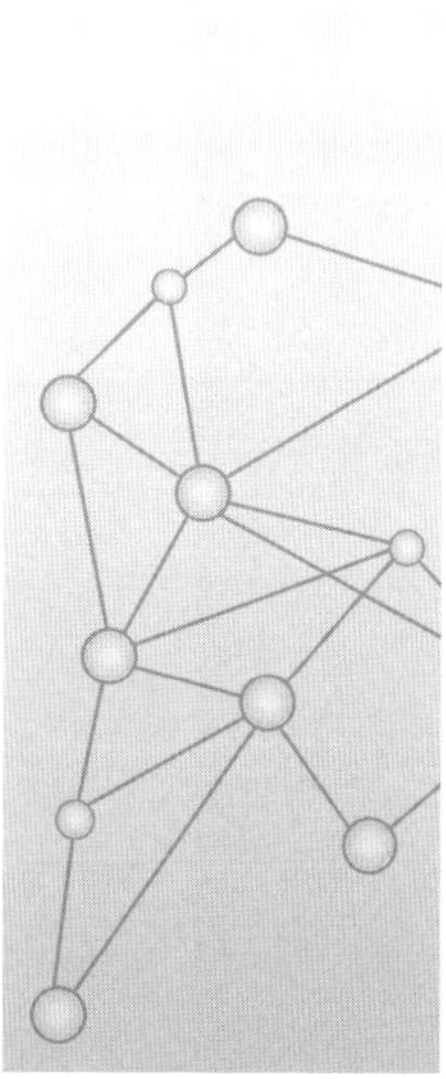

その後米国では、Physical Distribution が進化し Logistics になり、さらに Supply Chain Management へと移り変わりました。ここで米国では、Physical Distribution が Logistics に完全に置き換わり、今では Physical Distribution という言葉を見かけることはありません。

ところが日本では、従来から物流と、その進化系である新しいロジスティクスという言葉の両方が使われています。

物流は、輸送／配送、保管、包装などの個々の機能の集合体であるのに対して、**ロジスティクスは全体最適を目指すマネジメント概念**です。このように、２つの言葉は明らかに違った意味を持っています。

米国は、新しい概念に上書きしています。米国最大の団体にＣＳＣＭＰ（Council of Supply Chain Management Professonals）があります。この団体は、発足時（１９６３年）のＮＣＰＤＭ（National Council of Physical Distribution Management）から、１９８５年にＣＬＭ（Council of Logistics Management）に変更し、２００５年にＣＳＣＭＰとなりました。

ただ米国でも、Logistics があくまで物流領域なのに対して、ＳＣＭがそれ以外の領域も対象としているなどの違いから、現在でも Logistics という用語も使用されています。

第１章において、ＣＬＯはサプライチェーン全体に責任と権限を有する存在であると述べました。ＣＬＯは、自らの役割を考えるうえで、物流、ロジスティクス、ＳＣＭの違いを知っておく必要があります。次項から、物流、ロジスティクス、ＳＣＭの関係について解説します。

2

物流サービスとその特徴

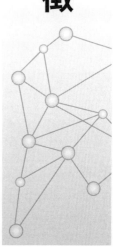

物流事業者によって提供される物流サービスには、製造業とは違った特徴があります。まず、物流の基本として、物流およびそのサービスの特徴について触れておきます。

物流サービスの最大の特徴は、**無形財**であること、**即時財**であることです。

①物流サービスの特徴—無形財

物流サービス（輸送、保管サービスなど）は生産活動と違い、基本的に商品そのものに形質的変化を与えません[1]。物流サービスはその生産が有形財ではなく、物の空間的、時間的位置の変化という無形財である点が大きな特徴です。

②物流サービスの特徴─即時財

次に、即時性とは、物流サービスが生産と消費が同時に行われることを意味します。つまり、サービスの在庫ができないということです。いい換えれば、生産場所でしか消費できないことが大きな特徴です。

わかりやすい例を挙げてみましょう。

例えば、商品として製造されたパソコンは、目に見え、手に取ることができます。また、今日売れなくても明日売れればいいのです。

一方、トラック運送会社の商品である輸送サービスを考えてみてください。トラックを販売するのではなく、トラックのスペースという目に見えないものを売っています。倉庫会社も同様に、倉庫のスペースを販売しているのです。

航空機による輸送サービスを想像してみてください。羽田発札幌行きの某月某日正午発のサービスは、その便が出発した時点で終了です。翌日まで在庫することはできません。

これが即時性です。即時財であるため、物流サービスという商品が欠陥商品かどうかは、購入時点ではわかりません。完全なサービスという前提で購入しても、実際には事故や遅延が発生することがあります。

1　流通加工においては、商品に形質的変化を与えるが、包装などは商品そのものを変えるものではない。

③物流サービスのその他の特徴

物流事業とは、他社[2]の貨物を扱うのが前提です。対象貨物は第三者（荷主）のものです。そのため、需要の発生が製造業や流通業に対して従属的となります。つまり、貨物があってはじめて物流サービスの需要が発生することになります。

また、物流事業のために必要な施設には、固定施設と可動施設があります。固定施設は、道路、鉄道、線路、港湾、空港などであり、可動施設は、車両、船舶、航空機などの交通用具・運搬具をさします。道路や港湾、空港などの多くは社会資本です。

物流サービスは、提供する事業者によって速度、規則性、確実性（正確性）、安全性、頻度、価格などに違いがありますが、そうしたサービスを利用する側は、対象商品によって重視される項目が違うというのも特徴かもしれません。電子部品など高価格商品は価格（運賃）よりスピードを優先するでしょう。セメント等単価の安いものは、スピードより価格優先となるでしょう。

3 物流機能

物流とロジスティクスの違いを述べる前に、物流とその機能について説明します。物流の機能とは何かを知ることで、物流を具体的にイメージすることができるでしょう。そうすれば、物流とロジスティクスの違いを理解することも容易になります。

物流には複数の機能があり、その諸機能の集合体です。主な物流機能として、**①輸送、②保管、③荷役、④包装、⑤在庫管理、⑥流通加工の6つ**[3]を挙げることができます。

物流機能では、輸送・保管・荷役の3機能が重要だといわれますが、最近では在庫管理や流通加工を重視する荷主も多く、これら6つの機能すべてが重要です。

さらに、モノの動きには必ず情報が伴います。物流全般において情報の重要性はいうにおよびません。

なお、輸送のなかには、配送や運搬も含まれます。一般的には、次のように区別しています。

・長距離・幹線＝輸送

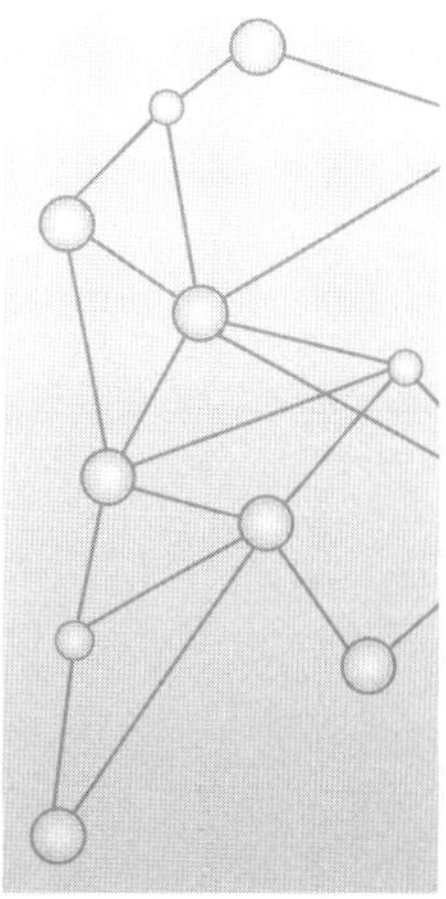

2　自社の貨物を自らトラックなど保有して運ぶ場合を自社物流というが、自社物流は物流事業には含まれない。
3　これに「関連情報処理」を加えて7つという説もある。

・地域内など近距離＝配送
・工場内など敷地内の移動＝運搬
また、輸送手段ごとに物流事業者が分かれています。

海運と航空は、国内輸送と国際輸送に分かれています。海運は、内航海運と外航海運があります。航空は、国内航空と国際航空に分けられます。陸運はトラックと鉄道があります。「利用運送業者」[4]もここに入ります。国際物流におけるフォワーダーや「通運」と呼ばれる鉄道利用運送事業がこれにあたります。

ここで簡単に6つの機能について説明しておきます。

①輸送
貨物を移動させる手段で、トラック、鉄道、船舶、航空機によって行われます。空間的格差（距離）を克服する機能です。

②保管
保管は、時間の差を克服する機能です。その役割を果たすのが倉庫です。倉庫は、時間の差を克服するという保管機能に加えて、現代では在庫管理や流通加工も重要性を増しています。

また、配送機能を主とした倉庫も増えています。そのため近年では、倉庫は、物流センター、配送センターなどと呼ばれています。

③荷役

荷役とは、貨物の積み降ろしのことです。物流センターや倉庫内での荷役は、倉庫会社やトラック会社によって行われます。また、船舶の貨物の揚げ降ろしは、港で港湾運送事業者によって行われます。

④包装

包装（梱包ともいう）は、倉庫で倉庫業者によって行われます。大きな機械を輸出する際などの特殊な梱包については、専門の梱包事業者に任せることが多いようです。

⑤在庫管理

在庫管理は、倉庫内で行われます。関連情報処理も在庫管理と密接に関連し、倉庫や物流センター内で行われます。関連情報には、受発注業務等も含まれます。

⑥流通加工

流通加工も同様に、倉庫や物流センターの重要な作業のひとつです。流通加工とは、家具や

4　利用運送事業（りようううんそうじぎょう）とは、貨物利用運送事業法に基づき、荷主より貨物を預かり、自社以外の輸送業者（実運送事業者）の行う運送を利用して貨物の運送を行う事業。

家電などの簡単な組み立て、自動車のオプション部品の取りつけ、衣料品の値札づけ、ラベル貼り、食品のパック詰めなどの作業を指します。従来、荷主（製造業など）が自ら行っていた業務が、近年は物流事業者に委託されるケースが増えています。

4 物流とロジスティクス

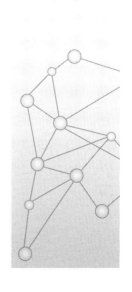

物流は「生産と消費の間にある時間と空間の隔たりを克服する経済活動」といわれています。空間的、時間的移転の働き（＝サービス）において、モノは価値を増すものであり、経済活動である物流は追加的生産活動という一面を持っています。

このような、経済活動としての物流サービスを提供し、事業として活動を行う企業を物流企業と呼んでいます。そうした企業の集合体が物流産業です。物流産業は、トラック・倉庫・海運・鉄道や航空といった違った業種によって構成されている点が、他の産業と異なるといえます。これは、物流が輸送や保管、およびその関連する複数の機能の集合体であることに起因しています。ちなみに、これが国際間に跨る場合を「国際物流」、国内で完結する場合を「国内物流」といいます。国際物流においては、距離が長いことに加えて、貿易であるため通関など特別な手続きが必要であることが特徴として挙げられます。

物流は「物の流れ」、つまり輸送と保管、およびそれに付随するものだといえます。したがって、従来、物流は生産工場における社内物流、販売物流など局部的な効率化が中心でした。これに対して、最近は、調達、生産、保管、販売、情報等の全体を統合し、システム化することで全体最適化を図ろうという概念が入ってきました。これがロジスティクスです。ロジスティクスは物流の進化したものといえますが、物流が経済・経営の機能・領域を示すのに対して、ロジスティクスはマネジメント概念であることを考えると、物流とロジスティクスには大きな違いがあることがわかります。物流が、輸送や保管といった機能それぞれを独立したものとして別々に考えるのに対し、ロジスティクスは全体を一体として捉え、全体最適を考えるのです。物流が戦術だとすれば、ロジスティクスは戦略だといえます。

この章の冒頭で、物流の定義が変化していると述べました。わかりやすい例をひとつ挙げます。先に挙げた、物流の定義「物流は生産と消費の間にある時間と空間の隔たりを克服する経済活動である」に違和感を持った方が多いのではないでしょうか。現代の企業活動におけるモノの流れが、「生産と消費の間」で完結すると考える人はいないはずです。生産の前に「調達」があり、消費の後には「回収・廃棄」があります。ですから、先の物流の定義は、企業活動における物流とは、「(原材料・部品)の調達から回収・廃棄の間にある時間と空間の隔たりを克服する経済活動である」と改めなければなりません。

物流、ロジスティクスは、まだ新しい概念です。そのため、統一された唯一の定義というものは、まだありません。多くの機関や団体が発表している定義を次に挙げてみます。

①物流の定義

①「商品そのものの空間的・時間的移動と高付加価値化」＝苦瀬博仁編著『（増補改訂版）ロジスティクス概論』白桃書房（2021）

②「生産部門から消費部門へモノ自体が時間・空間上の距離を超える移動である」＝武城正長・國領英雄『現代物流』晃洋書房（2005）

③「商品の供給者から需要者・消費者への供給についての組織とその管理およびそのために必要な包装、保管、荷役、輸配送と流通加工、ならびに物流情報の諸機能を統合した機能」＝㈱ジェイアール貨物・リサーチセンター（2004）

これらをまとめると、物流とは「生産と消費の間にある時間と空間の隔たりを克服する経済活動」となります。商品の移動（時間と空間）とそれに伴う付加価値（経済活動）であり、商品そのものの流れです。ちなみに商品の移動に伴う所有権の移転（代金決済や契約などカネの流れ）は商流です。そして、物流と商流という2つの構成要素を合わせたものが流通です。

ただし、物流と商流の垣根もあいまいになっています。例えば、代金決済は明らかに商流ですが、宅配業者が代金決済を担うケースもあります。

②ロジスティクスの定義

次にロジスティクスの定義を見てみましょう。

①ＣＳＣＭＰによる定義[5]

「Logistics Management is that part of Supply Chain Management that plans, implements, and controls the efficient, effective forward and reverse flow and storage of goods, services and related information between the point of origin and the point of consumption in order to meet customers' requirements」

「ロジスティクスは顧客の要求を満たすために、産地と消費地の間の財、サービスそして関連する情報の効果的かつ効率的な川上から川下へあるいはその逆のフローとストックを計画、実行、管理するサプライチェーン・プロセスの一部である」

②ＪＩＬＳ[6]の定義[7]

「市場の需要情報に対応して最も効果的に商品を市場に供給するシステムを中心に、その供給を実現するための最小在庫を維持するための生産計画の支援、その生産計画を実現するための原材料や部品の調達を一貫する企業の戦略的経営システム、戦略的情報システムによって支援される」

③SOLE[8]の定義[9]

「ロジスティクスとは、目標の実現、計画、運用を支援するための技法であり科学であって、要求事項、設計、資源の供給と維持に関するマネジメント、エンジニアリングおよび技術的活動のためのものである」

④D・J・バワーソクスらによる定義[10]

「ロジスティクスは、サプライチェーン全体にわたって在庫を稼働させたり在庫位置をきめたりするのに必要な仕事である。したがって、ロジスティクスはサプライチェーンという、より広い枠組みの部分集合であり、その範囲内で起こることである。ロジスティクスは、在庫の時間的調整と場所的な調整をすることによって、価値を創造するプロセスである。すなわち、会社の注文処理、在庫、輸送、保管、マテリアルハンドリング、および包装をネットワーク設備を通じて統合的に組み合わせるものである」

5　中田信哉、橋本雅隆他『現代物流システム論』有斐閣アルマ（2003）
6　公益社団法人日本ロジスティクスシステム協会（Japan Institute of Logistics Systems）。
7　JILS『基本ロジスティクス用語辞典 第2版』白桃書房（2002）

⑤齋藤実による定義[11]

「企業の物流活動は、原材料の部品の調達物流、工場内の製造物流、製品を販売する販売物流に分かれている。ロジスティクスはこうした物流の各パーツを統合し、調達・製造・販売のモノの流れを一元的に管理しようとするものである。具体的には、販売物流で市場の販売動向を的確に把握してその情報を製造や部品などの購買に迅速にフィードバックし、結果的に市場で売れる商品の的確な生産と、原材料や部品在庫の削減により、効率的な企業活動を展開しようとするものである」

③物流とロジスティクスの違い

物流は、原材料や部品の調達から商品が回収・廃棄されるにいたる過程における個々の機能（輸配送[12]、保管、包装、荷役、在庫管理、流通加工）を対象にしています。それに対してロジスティクスは、調達から生産、販売、消費のあとの回収・廃棄まで（e to e= end to end）の全過程にわたる物流システムを統合するマネジメント概念です。物流のすべての機能を包括し、調達から販売までの範囲における全体最適を追求するものです。

物流においては、輸配送や包装、保管などそれぞれの機能が独立しています。つまり、輸送ひとつだけでも、あるいは保管だけをとっても物流ですが、ロジスティクスという場合は、調達から回収・廃棄までのすべてがその対象領域となります。

例えば、物流コストを全社的に10％削減するケースを考えてみましょう。従来の物流の概念の下では、それぞれの機能を担当する部署が別々に対策を立てて実行することになります。仮に、輸送部門でコスト削減のために1トン車で10回輸送していたものを、10トン車で1回の輸送に切り替えたとします。輸送コストは削減できますが、一方で、一度に大量に運ばれてきた商品を保管するための倉庫を拡張しなければならないといったように、機能間でトレードオフ[13]の関係が発生することが考えられます。結果として輸送コストは抑えられますが。全体としてはコストが上昇することもあり得ます。ロジスティクスでは常に全体を考えるため、こうしたトレードオフの関係を排除することができます。

現在の経営では、ロジスティクスを含めた全体最適の考え方をマーケティング戦略に取り入れています。例えば、デルコンピューターやZARAは、すべての商品の輸送に、船便よりコストが高いにもかかわらず航空便を使っています。それは、輸送コストより商品を早く店舗・顧客に届けるスピードを経営戦略の核としているためです。

物流は、6つの機能の集合体、つまり機能を軸に6つに分類することができます(47ページ)。また、企業活動の視点から物流を分類すると、原材料・部品の調達に関わる調達物流、生産活動に関わる生産物流、販売活動に関わる販売物流、および消費後に回収・廃棄される商品に

8　The International Society of Logistics。本部を米国に置く。ロジスティクスに関する技術とマネジメントの啓蒙・普及を目的に1966年に設立された。日本では1978年に支部が開設された。

9　SOLE東京支部資料

表2－1　物流とロジスティクスの相違点

	物流	ロジスティクス
概念	物流は経済・経営の機能・領域	マネジメント概念
目標	効率化 (コスト削減)	戦略性 (市場適合、全体最適)
対象・領域	物流活動（活動管理） (調達から回収・廃棄にいたる輸送や保管等個々の機能)	物流体系（体系管理） (調達から販売および回収・廃棄までの全体)
中心領域・核	輸送・保管	情報
内　容	・プロダクト・アウト (与件として商品・販売あり) ・熟練的・経験的管理 ・輸送・拠点中心 ・コストコントロール ・戦術重視	・マーケット・イン (与件として市場・製造・販売も物流も市場に適合する形で決められる) ・科学的管理 ・情報中心 ・インベントリーコントロール ・戦略重視

著者作成

関わる回収物流の４つに分類できます。

なお生産物流は、社内あるいは工場内での活動であるため、社内物流あるいは工場物流とも呼ばれます。４つのそれぞれの物流において、輸送や保管など複数の機能の物流が発生します。例えば、生産物流を例にとれば、購入した原材料や部品を工場内に一時保管（保管機能）し、保管場所から工場内の生産場所まで移動（運搬）します。生産された商品は梱包され（包装）、工場内の完成品保管場所に集積され（保管）、販売店や流通・小売事業者に届けられます（輸送）。流通・小売事業者は商品を物流センターなどに運び入れ、保管・管理（保管・在庫管理）し、必要な時に必要な数量を店舗に届けます（配送）。また物流センターでは、ラベル貼りや再包装などの作業も行います（流通加工）。輸送・配送の時、あるいは倉庫や物流センターでの出荷、入荷時には貨物の積み降ろしが発生します（荷役）。

物流は、調達、生産、販売、回収・廃棄の各段階における輸送・配送、保管、包装、荷役、流通加工、在庫管理などの各機能の具体的な作業、またはその機能・作業の集合体です。したがってその対象は、個々の活動管理になります。物流の目指すところは、個々の部門の効率化であり、コスト削減です。

一方、ロジスティクスは、マネジメントの概念であり、物流体系全体の管理がその役割です。そのため、情報がその中心を占めます。ロジスティクスは企業の戦略であり、全体最適を求めます。

10　D・J・バワーソクス／D・J・クロス／M・B・クーパー『サプライチェーン・ロジスティクス』朝倉書房（２００４）
11　齋藤実『物流用語の意味がわかる辞典』日本実業出版社（２０００）
12　輸送と配送をまとめて輸配送ともいう。

表2－2　企業活動の視点からの物流の分類

分類	内容
調達物流	原材料や部品の購入に関わる輸送や保管。
生産物流	工場内での生産活動に関わる物流。原材料・部品の保管、完成した製品の保管、原材料・部品の保管場所から生産現場への移動（運搬）。
販売物流	工場から届いた商品の保管・管理。必要に応じて流通加工。小売店・店舗への出荷、配送。
回収物流	故障などによる修理のための商品の回収・再配送。 消費後の商品の回収（一部商品は改修後再利用、残りは廃棄）。

著者作成

13 複数の条件を同時に満たすことのできないような関係。失業率を抑えると物価が上昇し，物価を抑えると失業率が上昇するといった、何かを得れば何かを失うといった、二律背反になるような経済的関係などにいう。

図2－1　ロジスティクスの領域

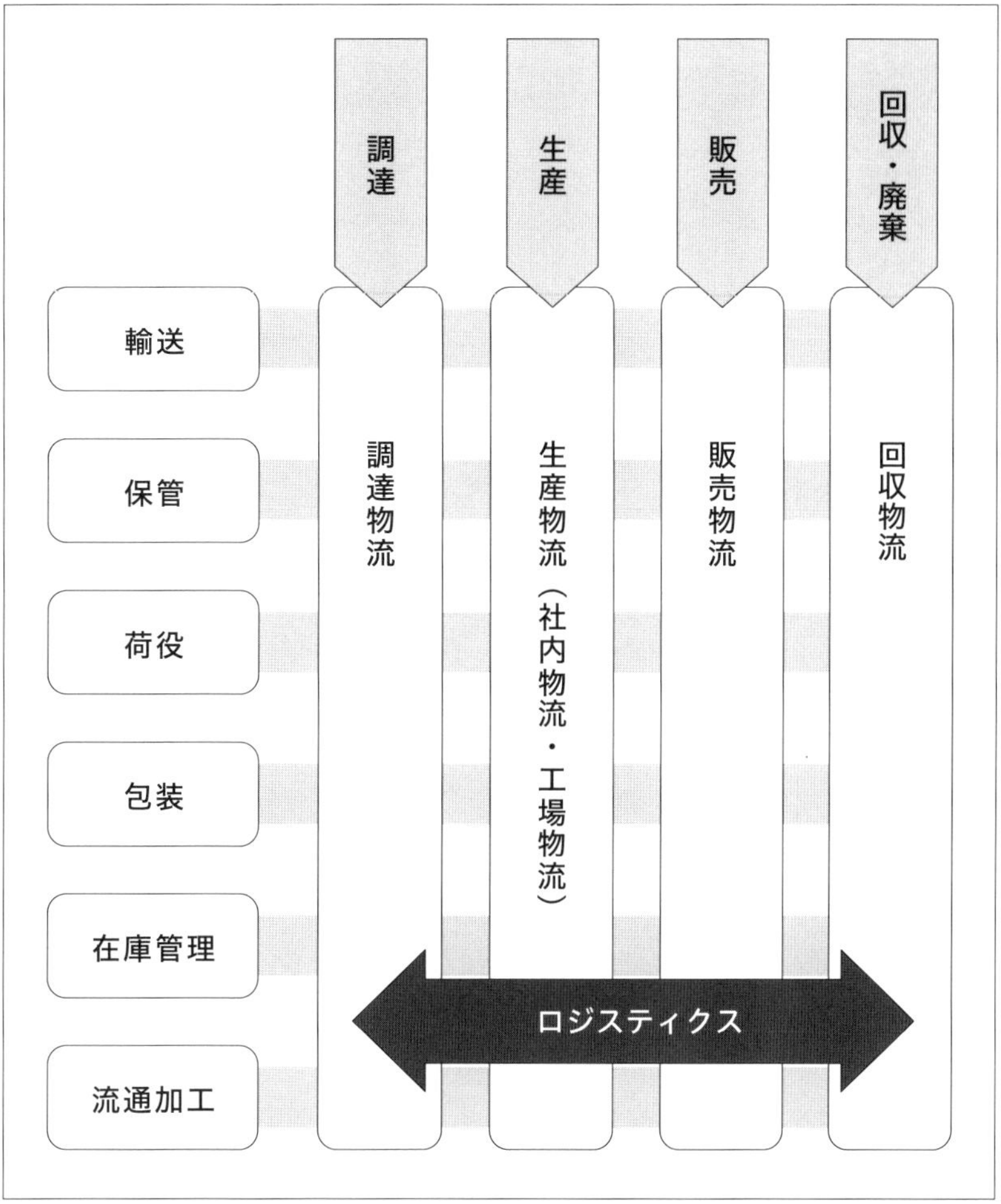

著者作成

5

サプライチェーンマネジメント（SCM）[14]とロジスティクス

第1章で述べた通り、CLOの役割・仕事は、サプライチェーン全体に責任と権限を持つ、企業経営において重要なポジションです。したがって、CLOにはサプライチェーンマネジメントをきちんと理解することが求められます。

①サプライチェーンマネジメント（SCM）の定義

サプライチェーンについても絶対的な定義はありませんが、いくつかを拾ってみました。

①CSCMPによる定義（2005年）[15]

「サプライチェーンマネジメントは、原材料の調達から加工に至るあらゆる活動の計画と管理を含んでおり、ロジスティクスマネジメントの全活動がからんでいる。重要なのは、サプライヤー、仲介業者、サードパーティ・サービスの提供事業者、顧客など、流通チャンネルのパートナー間のコーディネーションとコラボレーションも含まれること。エッセンスは、企業内・企業間の需要と供給の管理を統合することにある」

②中野幹久による定義[16]

「SCMとは、サプライチェーンにおける複数の部門や企業が、主に調達、生産、販売、物流に関する業務の中でも、特にモノと情報のストックとフローに関するオペレーション活動を対象に、戦略、構造、プロセスという3つのマネジメント要素を融合させることで、パフォーマンスのトレードオフを克服し、オペレーションの競争優位を実現する、戦略的かつ組織的なマネジメントである」

②サプライチェーンマネジメントとロジスティクス

サプライチェーンマネジメントの定義を見ても、なかなかわかり難いかもしれません。振り返って、CSCMPおよびD・J・バワーソクスのロジスティクスの定義を、もう一度読み直してみてください。これらに共通するのは、**「ロジスティクスはサプライチェーンマネジメントの一部**」であるということです。

14　サプライチェーン(Supply Chain)は、供給連鎖を意味する用語であり、サプライチェーンマネジメント(Supply Chain Management／SCM)は、サプライチェーンの管理を意味するが、一般的にサプライチェーンをSCMと区別しないで使われることも多い。本書でも両者を特に区別せずに使用している。

15　E・H・フレーゼル『サプライチェーン・ロジスティクス』白桃書房(2007)より抜粋(中野雅司訳による)

ただし、「サプライチェーンマネジメントとロジスティクスマネジメントを区別しない」という研究者もいます（D・スミチ・レビ他『マネージング・ザ・サプライ・チェイン』朝倉書房〈2005〉）。同書には「サプライチェーンマネジメントは、供給業者、製造業者、倉庫、小売業者を効率よく統合することを主眼においているため、戦略レベルから戦術レベルまで、企業のさまざまな活動レベルを包含している」との記述があることから、サプライチェーンマネジメントを小さく捉えているというより、逆にロジスティクスを一般の考え方よりも大きく捉えているように思えます。

さて、「サプライチェーンは、ロジスティクスを含む、より広範な概念」という考え方を基に、その違いを考えてみます。「調達から回収・廃棄まで」という領域は両者とも同じですが、その対象業務に違いがあります。ロジスティクスは、調達、生産、流通・販売、消費、回収・廃棄に関わります。一方、サプライチェーンマネジメントは、これらに加えて設計や研究・開発および財務会計にも関係します。

ロジスティクスは、サプライチェーンにおけるモノを対象として、時間・情報・コスト・品質を扱うものとの立場です。つまり、ロジスティクスがモノを扱うのに対して、サプライチェーンは、研究・開発・財務・会計などが含まれるという考え方をとります。つまりサプライチェーンは、ロジスティクスを含むより広い概念であるといえます。

ショシャナ・コーエン／ジョセフ・ルーセンは「サプライチェーン全体における、ロジステ

16 中野幹久『サプライチェーン・マネジメント論』中央経済社（2016）
17 ショシャナ・コーエン／ジョセフ・ルーセン『戦略的サプライチェーンマネジメント』英治出版（2015）

図2-2　ロジスティクスとサプライチェーンマネジメントの違い

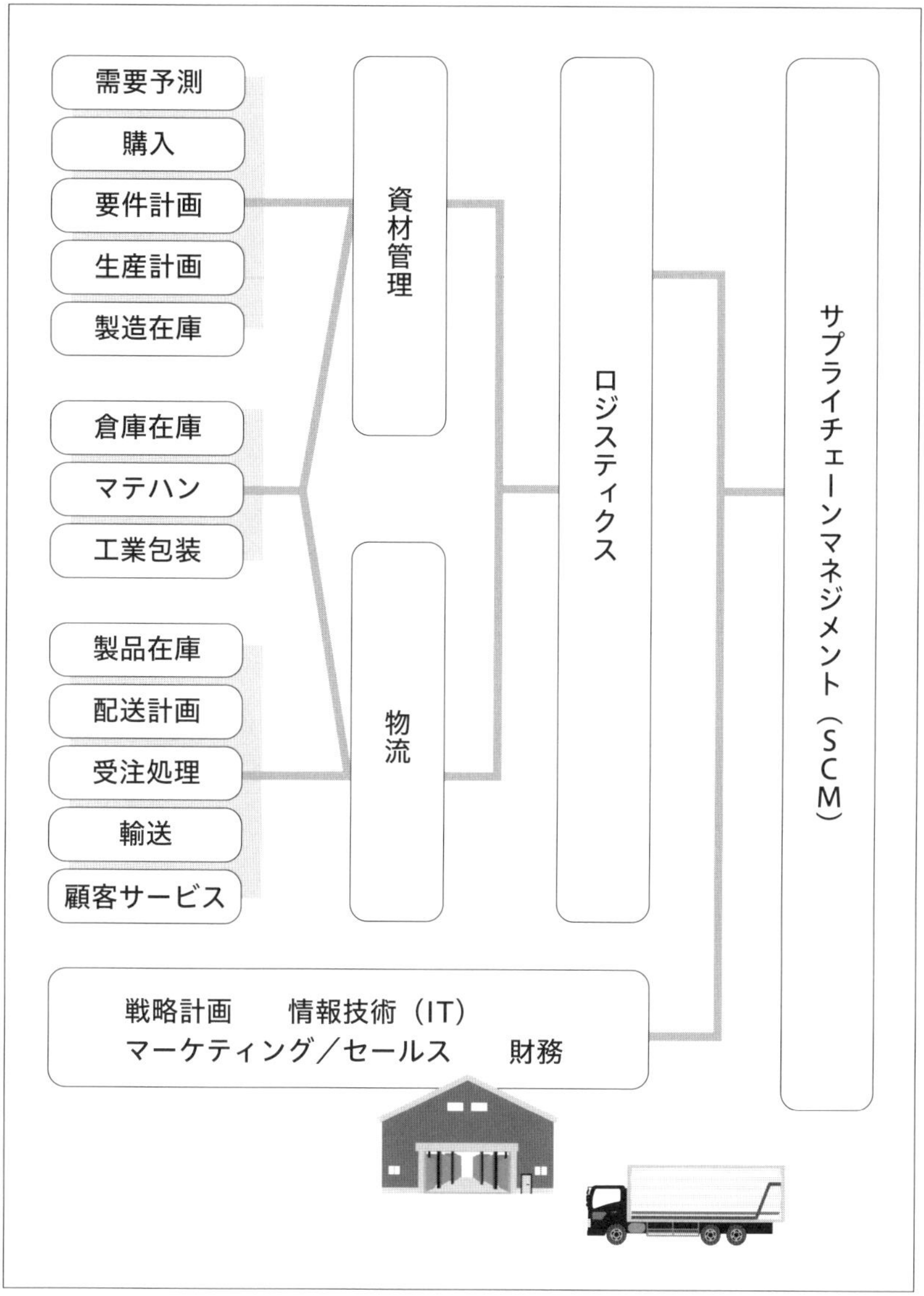

出所：エリック・バロー「香港大学講義資料」(2019) から引用

ィクス（物流）に関わる部分は、全体の20%、残りの80%はそれ以外である」[17]と述べています。

パリ国立高等鉱業学校のエリック・バロー教授によるサプライチェーンの概念を図2-2に示しました。この図の内容と筆者の示した概念とはほぼ同じです。

そうはいっても、サプライチェーンの概念や取り組みは、企業によって多少の違いはあります。例えば、2019年にサプラチェーン本部を立ち上げ、サプライチェーン全体の効率化に取り組んでいる日清食品の場合、サプライチェーン全体を統括する本部長の担当領域は、資材管理・生産や戦略まで踏み込んでおり、ほぼエリック・バロー教授の概念と重なります。ただし、財務が含まれていない点が異なります。

このように、企業によって多少の違いはありますが、モノだけを対象とするのではなく、基本的に生産や販売を含め、広く企業戦略全般に深く関わっています。

③物流・ロジスティクス・SCM・マーケティング

物流・ロジスティクス・SCMにマーケティングを加えて、これらの関係性についてまとめてみました。

必ずしも定説があるわけではありませんが、次の図2-3に示すように、SCMはマーケテ

図2−3　物流・ロジスティクス・SCM・マーケティングの境界線

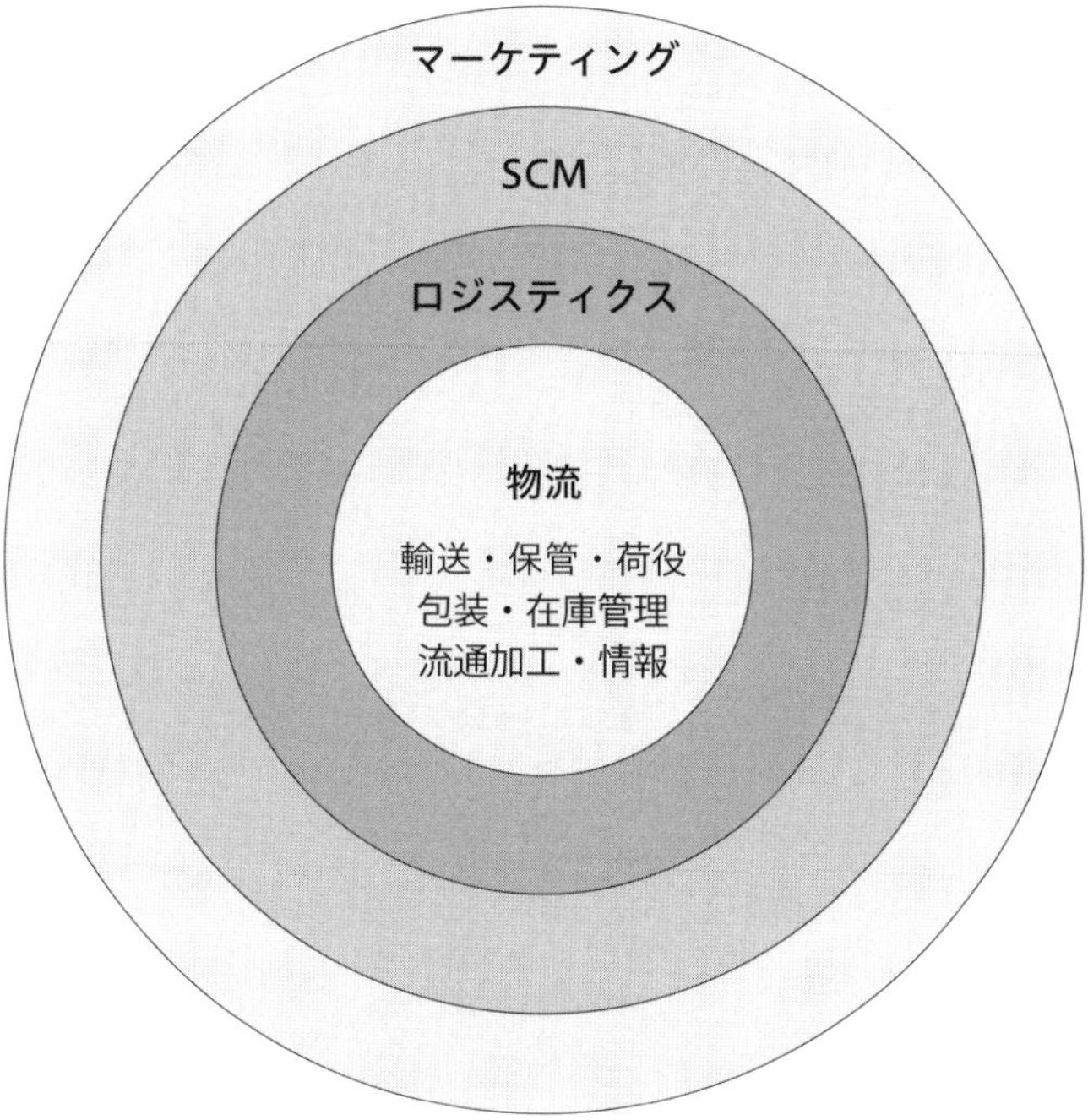

出所：「LOG-BIZ」(2005.06) P.64

ィングの一部であり、さらにそのなかの部分がロジスティクスだということです。そして、そのロジスティクスのなかの個々の機能の集合体が物流であるという理解が、概念として一番受け入れやすいでしょう。

ここで、マーケティングおよびSCMとロジスティクス、物流の大きな違いは、マーケティングやSCMには商流が含まれるのに対し、ロジスティクスや物流には商流は含まれないという点です。

国土交通省　物流・自動車局　物流政策課長

平澤 崇裕 氏

森：法律でＣＬＯの設置を義務づける動きは、あまり他の国では見あたりません。法整備し、ＣＬＯの設置を義務づけるに至った背景について教えていただけますか。

平澤：２０２２年秋に、経産省と農水省と３省で「持続可能な物流の実現に向けた検討会」を立ち上げ、商慣行の見直しや物流の効率化、消費者の行動変容などを議論していました。その時、事業者に対し、物流危機への意識についてのアンケートをお願いしました。8割方は物流危機に対して問題意識を持っているものの、実際に実施してるのは5割程度という結果でした。そこで、もう少ししっかりやらなければならないという話になりました。

森：物流問題の解決に向けて対策を実施している企業は半分ということですか？

平澤：そうです。もう1つ興味深いデータがあります。企業のなかで、部門ごとの回答状況を見ると、当然、物流部門は問題意識を持っている方が多いのに対し、人事や総務、経営企画部門をはじめとする他の部門は認識が低いという状況でした。要するに、物流をやっている人たちは問題を認識しているのですが、会社全体でそれを把握できていないのです。したがって、そうした人事のローテーションにもなっていないでしょうし、適切に物流に関する経験等が評価もされていないという実態があるんじゃないかという議論をして、経営者層に物流改善の必要性を認識してもらう必要があるのではないか、という話に至りました。海外では、チーフ・ロジスティクス・オフィサーのような役職が置かれているという実態があり、それも参考になるんじゃないかということが議論の前提にありました。結論をいえば、そういった経営者層の

意識改革を促す措置として、物流部門だけではなく、営業や製造や調達といった他の部門が共同して取り組む必要があります。全社的にやっていかなくてはならないといった観点から、今回、物流統括管理者の選任を義務づけることになりました。2月13日に閣議決定した法律が、荷主・物流事業者に対する規制的措置を盛り込んだものです（※注　2024年4月26日、国会において「流通業務の総合化及び効率化の促進に関する法律及び貨物自動車運送事業法の一部を改正する法律案」が可決・成立。同年5月15日、改正法〈令和6年法律第23号〉が公布）。この法案においては、荷主や物流事業者に対して物流効率化に向けて努力義務を課しており、さらに一定規模以上の事業者には、物流負荷軽減に向けた計画作成も義務づけていま

す。今日の議題はこれだと思うんですけど、一定規模以上の荷主には、物流統括管理者の選任を義務づけるということになっていますので、施行に向けてしっかりと取り組んでいきたいと思っています。

森：「一定規模以上」の基準は、まだ決まっていないのですか？

平澤：今後、経産省や農水省と合同で検討する場を立ち上げて検討していくことになります。今、想定しているのは、全体の輸送量の半分ぐらいをカバーできるような、輸送量を裾切りする案です。発荷主と着荷主の間で動いている輸送量全体の半分をカバーすることを想定していて、「上位何社」を指定するイメージです。

森：先ほどのお話で大まかには理解できましたが、CLOが誕生することで、荷主企業にはどんな変化があるでしょうか。

平澤：話が重複するかもしれませんが、部門を統括するということなんだと思います。例えば今回、「積載効率の向上」などを、取り組むべき措置として努力義務を課します。その具体例の1つとして、リードタイムの延長が考えられます。リードタイムの延長を社内で検討する際に、他部門から「将来的な需要予測情報は持っていない」といわれる状況にあると、物流部門の方から聞いたことがあります。結局、調達部門や営業部門など、いろいろな部署が情報を持っていて、それを統括して管理している人じゃないと、リードタイムを1日延ばすといったことができません。ですから、物流改善に向けた取り組みを全社的に行うことができるようになると想定し、期待もしています。

森：そうすると、この法律が今国会で通ると、今年6月あたりに法律ができますね。それが実際に施行されるまで半年から1年かかりますね。対象になると思われる企業は、その間、どういう準備をしたらいいでしょうか。

平澤：まず、CLOの選定については、公布から2年以内の施行となっています。それまでにどうすればいいのかというと、すでに去年の6月に経産省、農水省と3省一緒に、「物流の適正化・生産性向上に向けた荷主事業者・物流事業者の取組に関するガイドライン」を策定しています。それに基づいた自主行動計画を、100者以上に作っていただいています。ガイドラインのなかでも、物流統括管理者のようなものを選定してくださいと定めていて、それを少しずつ形にしていただいている状況です。それから、物流統括管理者を選任したはいいけれど、中身がついてくるのかという問題もあります。これはすごく難しい課題だと思っています。ですから、サプライチェーン全体を見通して、改善も含めて新たな価値を創造するような、そういう方々を「高度物流人材」といって国交省ではその育成・確保に向けて取り組んでいます。

森：高度物流人材とは、物流の専門家ではなく、サプライチェーン全体を統括できるような、いわゆるCLOのような存在ですか？

平澤：CLOというよりは、物流に関してより専門的な知識を持ちつつ、さらに全体を俯瞰し

て改善の提案などができて、新たな価値を創造できるような方が高度物流人材です。

森：それは統括管理者ということではなく、専門家といったポジションですね、ある意味では。

平澤：はい。令和5年度に開催した「高度物流人材の育成・確保に関するワークショップ」においては、そうした人を育てる必要があるのではないか、と提言いただいています。CLOの方には、高度物流人材のような人の必要性を認識していただいたうえで、その人たちをしっかり束ねる、マネージできる能力が求められるのではないかと思います。これから業界の皆さまのご意見も伺いながら、この点も議論できたらと思います。今回の法律には、物流統括管理者に求める役割として、中長期計画を作って、それを社内に方針として打ち出すといったことが書かれています。私見ではありますが、物流統括管理者には、それ以外にもできることがあるのではないでしょうか。事業者の方から聞いて思ったことですが、サプライチェーン全体を見た時に、販売物流と調達物流のそれぞれでモノが無駄に行ったり来たりしていないかといったことまで見通していただけると、より効率的な物流体系が作れるようになるのではないでしょうか。

森：法律の制定から施行までに若干時間があって、その間に企業は何をしたらいいかというお話に戻ります。ＣＬＯに係る施行は多分２０２６年くらいで、もちろん施行の時にはＣＬＯはいなければならないわけですが、それまで待つのではなく、ＣＬＯの役割を果たせるような人材をできるだけ早めに育成することにも、すぐに取り組むということですね。法律で定められた行動計画や目標に正式に取り組むのは26年以降だけれども、準備段階としてすぐにでもはじめてほしいということですね。

平澤：そうです。これはガイドラインの自主行動計画のなかでも謳っていただいていると思うので、法律の施行を待たずに、ぜひ取り組みを進めていただけるとありがたいです。

森：少し話は飛びますが、「どうしたらいいんだろう」と悩んでいる企業の方が多いでしょうから、我々もこの6月くらいにＣＬＯ協議会を立ち上げて、そうした人たちに様々な情報を提供していきたいと考えています。数多くはないものの、実際にやっている企業の例も紹介したいと考えています。次に、荷主企業がＣＬＯを置くことによって、先ほどいわれたような荷主側の変化が当然出てきます。それは物流企業や物流業界にはどんな影響があるでしょうか？

平澤：今回の法的措置は、「商慣行の見直し」という点では2つあって、1つは荷主と物流事業者の間の商慣行の見直しです。まず、ＣＬＯを置くことで荷主側の行動変容を促そうとしています。一方、トラック事業者にも変えなければならないところがあります。よくいわれるように、運送事業者は多重下請け構造になっています。実際にモノを運ぶ事業者を「実運送事業者」と呼んでいますが、その方々が適正な運賃収受ができるように環境を整えていきたいと考えています。今回、トラック事業者に対する規制的措置として、元請事業者に対して「実運送体制管理簿」というものの作成を義務づけます。要するに「見える化」するということです。元請と荷主との間で荷物の運送契約を結ぶと、「実運送体制管理簿」が作成され、誰がどれだけ運んだかが見える化されます。そうすると、多重構造になっていることがわかるわけです。この管理簿は元請事業者が作ることになっていて、荷主から要請があれば見せなければなりません。これが運送事業者への規制的措置の1つです。2つ目は、運送契約を書面化するということ。3つ目は、下請けに出すときの適正化について努力義務を課します。これは、下請けに出す時に、どのくらいお金がかかるかなど概算を把握したうえで申し込んでください、足りなければ荷主に運賃交渉してください、といった努力義務です。じゃあ、適正運賃はどれくらいなのかというと、別途、並行して取り組んでいる「標準的運賃」（※参考 https://www.mlit.go.jp/report/press/jidosha04_hh_000294.html）という制度があります。本当は今年の3月までだったものですが、昨年の通常国会で「当分の間」延長されたので、今、見直しをしています。ベースを8%くらい引き上げるとか、下請け手数料を新たに設定しようとしています。現状は、元請と荷主の間で100あった運賃が、1次、2次と下請けに下がっていくと、90とか80くらいになっているかもしれません。そうではなくて、運ぶ人が100もらえるように荷主さんと交渉してください、たとえば2次下請けに出すのだったら、実運送事業者が受け取る運賃の120%

なのか110％なのか、ちゃんと運賃交渉してください、ということです。したがいまして、荷主さんと運賃交渉をすることになると、合わせて見える化もしていますから、例えば3次、4次まで下請けに出している運送事業者は、それだけ下請け手数料を交渉しないといけないので、是正する方向に力が働くと思います。

森：そうすると、4〜6次くらいまであるといわれている多重構造が少し減っていくと期待されるわけですね。

平澤：はい。見える化して、さらに物流事業者側にも責任者を置きます。運送利用管理者といって、まさにCLOのカウンターパートとして、両者で連携して話をしていくことになります。

森：物流事業者には、どんな規制的措置があるのでしょうか？

平澤：一定規模以上の事業者には、下請けの適正化、義務を徹底するための管理規程を作っていただくことと、運送利用管理者を選任していただく、こういうことを考えています。

森：運送利用管理者、この方がいわゆるCLOのカウンターパートになるわけですね。

平澤：そういうことになろうかと思います。

森：今まで物流事業者が改善に向けて取り組んできたものの、

物流事業者だけでは無理だということで、今回、荷主側の義務が法律に盛り込まれたという背景があると思います。さらに、物流事業者に対しても具体的に義務を課すことによって、実運送事業者が適正な運賃を得られるようになるだろうということですね。

平澤：そういう方向に、より動きやすくなるはずです。

森：なるほど。お互いに責任者を置くことによって是正されやすくなるわけですね。何かあれば、その責任者がちゃんとやっていないということになるわけですから。この管理簿とは、作成して保存しておくという理解でいいのでしょうか。提出するわけではないですね？

平澤：はい、提出するわけではなく、元請が持っていることになります。もちろん、監査等があれば我々も確認します。

森：必要な時には監査したり、提出を求めたりできるということですね。運送利用管理者の選任についても、今回の法改正のなかに入っているのですか？

平澤：入っています。

森：なるほど。今、話にのぼった多重下請け構造については、それが駄目だということではないですよね？

平澤：多重下請け構造は是正する方向で、かつ、実運送事業者が適正運賃を収受できるような環境を作るということをやろうとしているわけです。

森：結果的にそれがなくなる、減少していくということですね。アメリカでは1次下請けはいいけれど、2次以上は駄目だと法律で定めていますね。そういうことではないですか？

平澤：そこまでは規定していません。事業者に対しての努力義務として、下請けに出す時の適正化を課していますが、「何次までしか駄目」と法律的に明確に規定するものではありません。

森：物流事業者としては、自分たちも多重構造の是正などに、荷主と一緒になって取り組んでいくということですね。

ここまで、ＣＬＯが誕生することによって、物流事業者にどういう影響があるかをお聞きしてきました。もっと広く産業界、もっといえば社会全体にどんな影響が出るかという点については、どうお考えでしょうか。

平澤：今後、何も対策を講じなければ、２０３０年度には輸送力が34％不足するという試算もあります。物流は、経済を支える社会の動脈といったいい方をされる時もあります。ですから、ＣＬＯになる方が物流改善に取り組む環境ができることで、物流業界のみならず日本経済全体を支え、持続的成長につながっていくのではないでしょうか。ＣＬＯには、その役割を果たしていただければと思います。

森：うまくいけば、その成果は目に見えないともいえますね。このまま放っておいたら物流が滞ってしまうけれど、改善することによって今までと同じように物流がスムーズに流れるということは、逆にいえば、「消費者は気づかない」ことになるわけですね。だからといって、何かあってからでは遅いんですけれども。

平澤：やはり我々としては、物流の停滞がないようにしっかり取り組んでいきます。昨年から政策パッケージを作ったり、物流革新緊急パッケージを作って補正予算を確保し、今執行しようとしていますし。支援措置だけでは足りないので、規制的措置も導入しようとしています。

森：他に、CLOの仕事として何かあるでしょうか？

平澤：やはり、物流を経営課題として、まずしっかり捉えていただきたいと考えています。そうすると、いろいろなところを変えていかなければならなくなるはずです。例えば評価制度であったり、教育制度・研修制度であったり。一気には変わらないですよね。だから、まずは経営課題として認識して進めていただきたいとお伝えしたいです。

森：例えば、CLOを任命する側は、どういう人を選べばいいのでしょうか？

平澤：何をしなければならないかを認識していただいたうえで、そういう感性というか……でも結局、経営層の方は皆さんそういう感性を持たれているのだと思います。ですので、例えば高度物流人材を育成する提言を昨年まとめたわけですけれども、そうしたものをご理解していただいたうえでCLOの立場に就くと、またちょっと違う見え方ができる。これは人材育成という観点でやっていますので、そういう人材を育てないといけないということになると思いますし、彼らのいっている話を理解して、全社的にそれを発揮していく環境を作れる人を選ぶということですね。

森：その意味では、CLOは必ずしも物流の専門家である必要はない、細かく知っている必要はなく、それよりも会社全体を見ながらまとめ上げていく能力が必要というイメージでしょうか。

平澤：そうですね。

森：それぞれの専門職を育てて、そういった人を統括していくのがCLOということですね。もちろん最低限のことは知らなければならないでしょうけれど、物流の専門家である必要はないということですね。「物流」と名のつく役職だからといって、物流の専門家じゃなきゃいけない、これまで物流を経験した人じゃなきゃいけない、ということではないですね。

平澤：必ずしも物流を経験した人である必要はないと思います。一方で、今、物流がどういう課題を抱えていて、荷主の立場として何をやらなければならないのか、例えば、荷待ち・荷役時間の削減といったことをお願いしようとしているわけですが、全体として何をやらないといけないのかは、ご理解いただく必要がある

だろうと思います。事細かに、「ここにバース予約システムを入れよう」とか、そういう各現場の話をＣＬＯが判断するかどうかは別として。

森：自分でやる必要はないわけですよね。

平澤：それはやはり、経営層ですから。

森：そうですよね。まず問題点を把握するということですね。問題点を見つけ出して、それを適正に誰かにやらせるということですね。私が懸念するのは、往々にして「物流は特殊な世界だから、物流を経験した人じゃないとできない」といわれることですが、そんなことはないですよね。むしろ、細かくある一点に集中したりすると、

全体が見えなくなってしまいます。

平澤：はい。高度物流人材のなかでも「他分野をちゃんと知ってる人のほうがいいんじゃないか」といった話をしていますので、通じるところがあるんじゃないかと思います。他にも重要なのが、荷待ち・荷役時間の削減や積載効率の向上を実現するうえでは、自社だけでできることも多いのでしょうが、他社との連携が求められる場面も少なくないということです。異業種と連携して混載するとか、そういったことにもチャレンジできる方にＣＬＯに就いていただけると、物流の効率化がいっそう進むのではないかと思います。

森：そうすると、先ほどの物流業界や産業界への影響という意味では、企業間の連携、いい換えれば共同物流が進んでいくことになりますか？

平澤：当然、そういう方向に進むと思います。元々、「リードタイムを延長すると、混載できるようになって積載効率が上がった」という話もありますから、おそらくそういうことになる。だから、物流事業者からの提案もあるでしょうし、荷主サイドもアクティブに動くといったことが相まって、フィジカルインターネットではありませんが、企業間連携が進む方向に進んでいくでしょうね。

森：いろいろな形の連携がこれから生まれてくるでしょうし、無駄はたくさんあると思いますので、連携によって効率化できますね。

平澤：連携にあたって重要なのは、データの連携だと思います。今、ＪＰＩＣさんには「物流情報標準ガイドライン」を管理いただいているわけですが、やはり標準化の必要性をご理解いただきたいと思います。

森：そうですね、連携するにあたっては、いろいろな意味の標準化が必要ですね。

平澤：標準化のような話は、現場に任せるとなかなか動きにくいところがあります。だからこそ、ＣＬＯにはそうした大きな判断をしていただくことを期待したいです。

森：その他には何かあるでしょうか？　ＣＬＯ関係、その周辺でも結構です。

平澤：そうですね、荷主、卸売事業者の方が、「要するに、ＣＬＯは何をすればいいのか」と困らないようにしていかなければなりませんね。「これが正解」というものは、ないと思います。いろいろな取り組み方があるでしょうから、早め早めに、皆さまとご協力しながら、それらを世の中に知らせて、どんどんいい形にしていく流れができるようにしたいです。だから、「これをやったら、以上、終わり」というものではなく、絶えず変えていく、そういうマインドを持ってやっていけるといいんじゃないかと思います。

森：ＣＬＯの設置義務は一定規模以上の企業と伺いましたが、それ以外の中堅・中小企業に対する努力義務は何かあるでしょうか？

平澤：それは、何度も申しました自主行動計画ですね。自主行動計画は業界全体で進めていくものですので、今回、法令上はＣＬＯの設置を義務づけられていない企業にも、実践していただくことを期待したいです。また、物流革新に向けた政策パッケージのなかでも記載していることですが、物流改善に向けた取り組みを評価するスキームもあわせて考えていく予定です。そのなかで、前向きに取り組んでいただいている事業者を評価できるような仕組みも考えていきたいです。

森：一定規模以上の対象企業だけではなく、中小企業も含めて、改善に取り組んでいる企業は評価しようということでしょうか。

平澤：パッケージでは「評価する仕組みを検討する」ことになっています。ですから、ＣＬＯの選任義務がない事業者の方が、そういった役職の方を選任した場合には、そういうなかでなんらかの手当をすることができると見ています。

森：ということは、中小企業においては、法律で定められていないから報告義務はないけれど、自主的に取り組んでほしい。取り組むことによって、物流面が改善するということですね。逆にいえば、物流改善のためにはやはりＣＬＯを設置してほしいということですね。

平澤：ただ、「では、どうすればいいんだ」という話になるでしょうから、そういうことを示せるように取り組んでいかなければならないと、あらためて意識しました。

森：大手は当然、サプライチェーン全体を考えます。そのなかにはサプライヤーとして中小企業も入りますから、影響はかなり出てくるでしょうね。気になったのは、自主行動計画を公表している１００者以上を見ると、個別の企業もありますが、業界単位で出しているところが多くあり、そのなかにどこまで中小企業が含まれているかは、気になるところです。業界全体では、どうしても大手の意見が通りがちでしょうから。

平澤：自主行動計画は作って終わりではなく、実行していただくことが大事です。パッケージのなかでも書いているように、実施状況のフォローアップをやっていこうとしています。そういう枠組みを使いながら、取り組みを促していきたいと思います。

森：具体的なフォローアップの仕方は考えられているのでしょう

か？

平澤：年度末にフォローアップ調査を実施し、すみやかに結果を公表することになっています。

森：わかりました。最後に何かつけ加えることはございますか？

平澤：ＣＬＯに関しては、持続可能な物流の実現に向けた検討会で、パブリックコメントを実施しました。すると、報告書に対して好意的な意見が多く、我々も実行に向けて意を強くしました。一方で、「実際にどうしたらいいんだ」と戸惑う声があるということも伺っています。しっかり中身を見合うものにしていかなければなりませんので、引き続きご協力をお願いできればと思います。よろしくお願いします。

森：はい。長時間お時間をいただき、ありがとうございます。

（２０２４年2月29日インタビュー）

第3章

SCMと企業経営

1

サプライチェーンの誕生

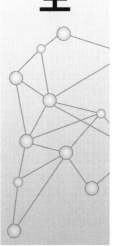

サプライチェーンマネジメントの概念は、１９８０年代前半、米国で誕生しました。

１９９５年頃、日本にＳＣＭの導入がはじまり、２０００年代にかけて日本の産業界に広がっていきました。

その背景には、１９８０年代半ばからはじまった消費の多様化があります。少品種・大量生産・流通から、多品種・少量生産・流通へと変化し、さらに多頻度・小口配送の要求へと、消費構造に併せて流通も変化していきました。

また、この頃、製造業から小売業へのパワーシフト（１９９０年代初め頃から）が起こります。

そして、小売業から発注ロットの小・多頻度納品の要求が高まりました。

製造業はＪＩＴ（ジャスト・イン・タイム）の導入、ＩＣＴ（情報通信技術）の飛躍的発展により、こうした状況の変化に対応していきました。一方で、グローバリゼーションにより企業活動は地球規模に拡大しました。

サプライチェーンの本来の目的は、経済性、効率化です。サプライチェーンの領域が広がり、分業化が進むなかで、単独企業で高品質の商品を効率的に生み出すことが難しく、関連企業が一丸となって合理的に効率化を図ろうという目的で開発されたものです。その時代の米国は、ビッグスリー（ゼネラル・モーターズ、フォード、クライスラー）をはじめ、企業業績の悪化に苦しんでいた時です。

現代の企業経営は、製造業を中心にサプライチェーン全体を管理し、責任を負うというのが基本となっています。

2

社会変化とサプライチェーン

社会が大きく変化し、消費者の価値観も変わるなかで、サプライチェーンの役割も大きく変化しています。サプライチェーンの基本である経済性や効率性はもちろんですが、それ以上に重要になっているのが、**環境や人権への配慮**と**リスクへの対応**です。具体的には、フェアネス（人権、環境）、リスク（地政学、経済安全保障、自然災害等）です。

もちろん、これまで以上に、安定性や継続性も重視されます。これらの新たな構成要素が、経済性よりも上位に位置づけられることも少なくない、ということです。

２０２１年、中国新疆《しんきょう》ウイグル自治区で生産される綿に強制労働の可能性が指摘され、アパレル企業などへ厳しい視線が向けられました。こうしたことを背景に、スウェーデンの「Ｈ＆Ｍ」は、新疆綿を使わない方針を打ち出しました。

原材料の調達先や下請け、委託先工場などにも常に注意を払わなければならないのが現代のサプライチェーン経営です。

サプライチェーンはますます多様化・複雑化しています。こうしたサプライチェーン全体を統括するＣＬＯの役割は大変重いものです。人権問題や環境問題への対応を間違えると、企業に大きな損失を与えることも考えられます。

サプライチェーン管理は、単なるロジスティクスの問題ではなく、経営そのものです。その意味では、ＣＬＯという役割の存在が絶対に必要です。そしてＣＬＯは、その重責を果たすために、従来の縦割り組織に捕らわれることなく、社内外のネットワークを構築し、情報がきちんと集まる体制を作り上げることが大切です。

これまで日本の企業にＣＬＯが存在しなかったことは、サプライチェーン全体を統括する役割の立場の人がいなかったことを意味します。いいかえれば、現代の企業経営においてサプライチェーン経営が常識といわれながら、日本には、真の意味でのサプライチェーンマネジメントは定着していなかった。つまり、これまでの日本企業の多くは「似非《えせ》サプライチェーンマネジメント」だったともいえるのではないでしょうか。今回の物流関連法案の改正によりＣＬＯが誕生、つまりサプライチェーン全体を統括する責任者が誕生することで、日本にも真のサプライチェーンマネジメントが根づくことが期待されます。その結果、企業活動全体の効率化が期待できると思います。

図3－1 サプライチェーンの構成要素の変化

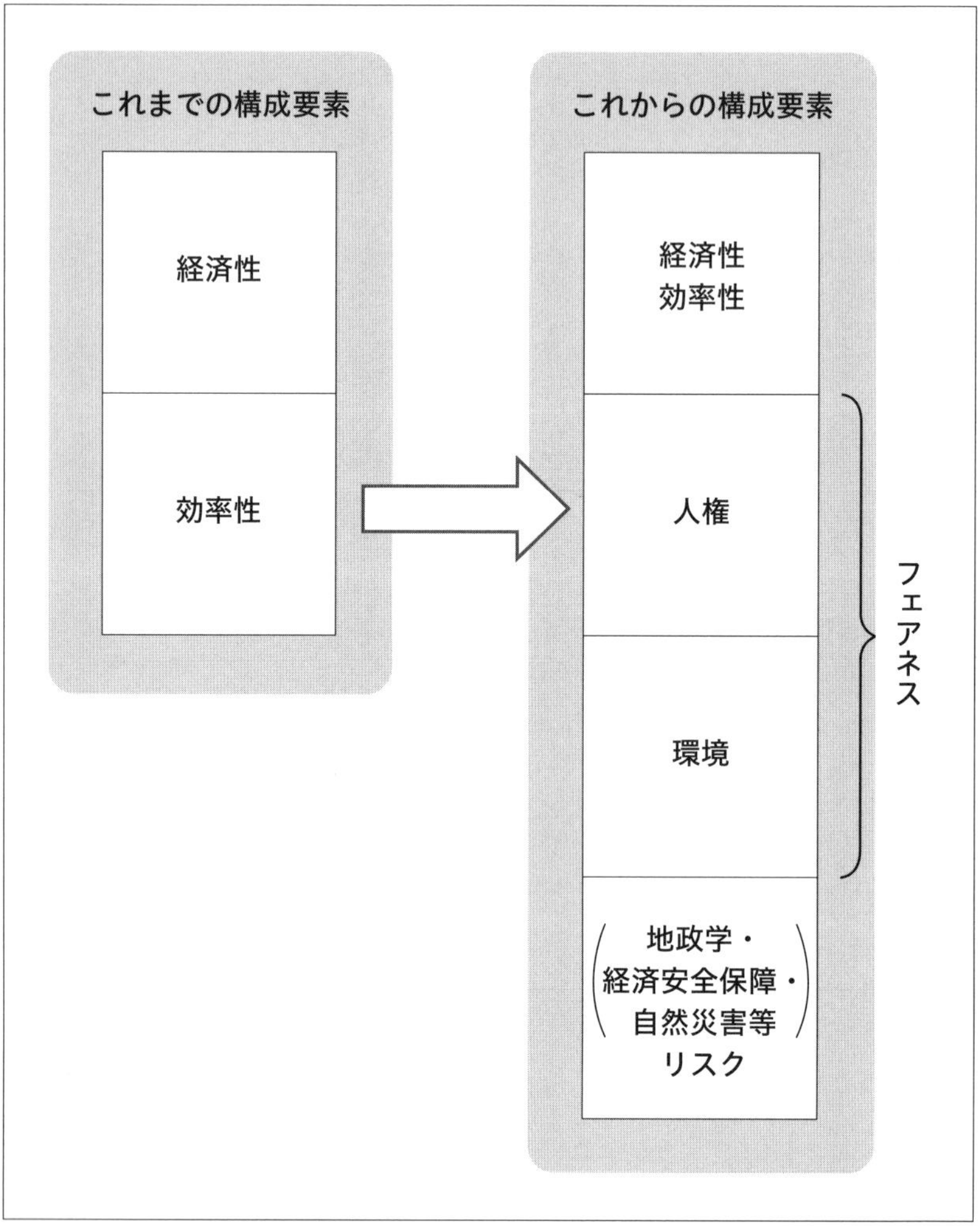

著者作成

3

サプライチェーンマネジメント戦略

サプライチェーンマネジメントの基本は、**「上流から下流までの情報の透明化・可視化」**です。サプライチェーンは他社との差別化を可能にする、真の競争力の源になります。つまり、サプライチェーン戦略は企業戦略そのものといえます。

ここで、サプライチェーン戦略について触れておきます。

ショシャナ・コーエン／ジョセフ・ルーセンは、「サプライチェーン戦略には、以下の５つの要素を全体として扱う必要がある。サプライチェーンに責任を持つということから５つの要素を考慮した戦略が必要である」[1]といっています。

５つの要素とは、①顧客サービス、②販売チャネル、③バリューシステム、④オペレーションモデル、⑤資産配置です。サプライチェーンに責任を持つということは、この５つの要素を考慮した戦略が必要であり、それをまとめ上げるのがＣＬＯの役割です。

顧客サービスや受発注などは、営業部の担当です。また、オペレーションモデルには生産な

1　ショシャナ・コーエン／ジョセフ・ルーセン『戦略的サプライチェーンマネジメント』英治出版（２０１５）

ども含まれており、生産部門の担当です。従来は、こうした担当部署が縦割りで、情報の共有も十分でなかったことも少なくなく、サービスレベル、リードタイム、運転資金、コストが相互にトレードオフの関係にあることから、結果として十分な効率を上げられないということが多かったと思います。CLOが調達・生産・販売・回収／廃棄の各領域に横串を通すことで、全体最適化が可能になります。

サプライチェーンにおける戦略的な資産の活用も、CLOの仕事と捉えることができます。これまではマーケティングや品質管理の仕事だったことも、組織全体として体系的に捉えることを考えれば、CLOの役割のなかに入ります。

ただし、ここに挙げたサプライチェーンの主要素や戦略的資産の活用について、すべてをCLOが担うといっているのではありません。業界や企業、あるいは商品構成によって事情は異なります。どの領域まで踏み込むかといったCLOの役割は、任命者である社長やCEOとの話し合いで決める必要があります。

表３－１　サプライチェーンの主要素

SCM の主な要素	適用
顧客サービス（目標）	デリバリーのスピード、正確さ、柔軟性
販売チャネル（方法）	顧客による自社の製品やサービスの発注・受取
バリューシステム（自社とパートナーの担当区分）	サプライチェーンの自社担当とパートナー企業の担当区分
オペレーションモデル（プロセスの調整方法）	顧客サービスの提供と、運転資本やコスト面の目標達成を両立するための、計画、調達、生産、出荷、プロセスの調整
資産配置（配置場所・リソースの活動範囲）	サプライチェーンのリソースの配置場所、リソースの活動範囲

出所：ショシャナ・コーエン／ジョセフ・ルーセン『戦略的サプライチェーンマネジメント』英治出版（2015）

表3－2　サプライチェーンの戦略的資産としての活用

主な競争基盤	製品とサービスの特性	サプライチェーンの主な貢献
イノベーション	最先端・マストアイテム	市場投入までの時間・大量生産までの時間
顧客体験	顧客の特別なニーズに合致	顧客目線で設計されたサプライチェーンとのインタラクション
品質	信頼できるパフォーマンス	調達および生産の卓越性と品質管理
コスト	最低価格	効率的で低コストの構成およびプロセス

出所：ショシャナ・コーエン／ジョセフ・ルーセン『戦略的サプライチェーンマネジメント』英治出版（2015）

4 サプライチェーンにおけるパフォーマンス評価

サプライチェーンを構築し、稼働したら、その結果の検証が必要です。ここでは、サプライチェーンの目的を、①リードタイムの短縮、②顧客サービスの質的向上、③業務の効率化、④資産の効率化の４つに分類して、それぞれの結果を評価するための指標の例を挙げてみました（図３−２）。

①リードタイムの短縮、②顧客サービスの質的向上の結果は、売上に大きく影響します。③業務の効率化はコストに、④資産の効率化は企業の資産に影響をおよぼします。

その総体が、企業のキャッシュフローと利益に直結します。その意味で、この４つの結果をきちんと評価し、次の経営戦略立案に生かさなければなりません。そのためには、デジタル化・ＤＸによってきちんとデータが取れる仕組みを確立することが重要なのです。

このリスト（図３−２）から、サプライチェーンの領域は、物流・ロジスティクスの領域よりはるかに広範囲であることがわかります。

図3-2　サプライチェーンにおけるパフォーマンス指標の体系

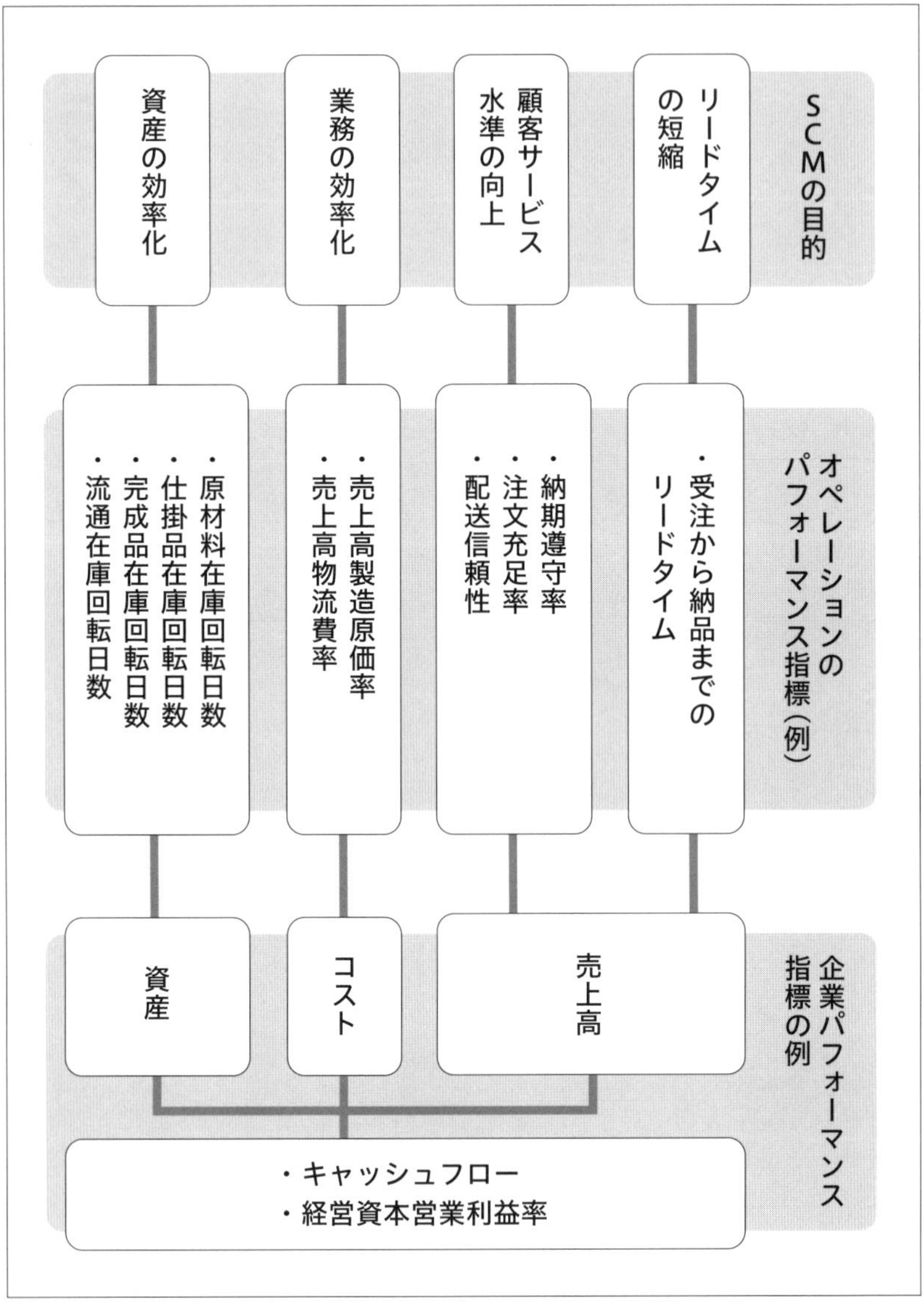

出所：中野幹久『サプライチェーン・マネジメント論』中央経済社（2016）

OPINION

日清食品株式会社　常務取締役　サプライチェーン本部長
兼　Well-being 推進部長　NISSIN ACADEMY 学長

深井　雅裕　氏

森：「物流革新緊急パッケージ」の法制化が進んでいます。そのなかに物流統括管理者、いわゆるCLO（チーフ・ロジスティクス・オフィサー）の設置が盛り込まれています。CLOが生まれることによって何が変わるか、どういうことが期待できると思いますか。

深井：サプライチェーンとその統括責任者に関して、当社（日清食品）の組織についてお話しさせていただきます。当社の欧米にある事業会社のメンバーに聞くと、サプライチェーンを統括する人間はいるという話でした。欧州ではCSCO（チーフ・サプライチェーン・オフィサー）と呼んでいます。米国では副社長にあたるポジションがサプライチェーンを統括しています。日本にはサプライチェーン本部があり、私がWell-being推進部長と兼任で本部長をしています。当社では資材調達や生産需給計画、あるいは在庫計画まで網羅して戦略立案を実行しており、その戦略立案全体をサプライチェーン本部で行っています。

森：そこには財務会計も入りますか？

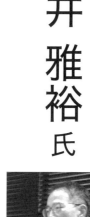

深井：財務会計は入りません。財務は財務で別にやっており、サプライチェーンのなかでは生産から資材調達、デリバリーまで一貫して見ています。

森：日清食品さんでは、サプライチェーン本部がすでにあり、その統括者である本部長は、調達、生産管理や販売などを含むサプライチェーン全般を統括している、それはまさにＣＬＯということですね。

深井：ＣＳＣＯやＣＬＯに近いものを、私たち日清食品はすでに持っています。

森：サプライチェーン本部はいつできたのでしょうか。また、設置のきっかけがあったのでしょうか。

深井：２０１９年くらいに「運べない」というリスクが特定の地域で顕在化し、それをきっかけに、サプライチェーン本部ができました。それまで「運べるのが当たり前」という状態できていたので、物流は経営課題とは捉えられていませんでした。したがって、当然、ＣＬＯも必要なかったわけです。今回の法制化でＣＬＯが生まれると、物流が経営課題として俎上に載ってくるので、大きく変わると思います。どうしても物流というと、運べて当たり前、持続可能で当たり前だったので、コスト削減といった点がフィーチャーされがちでした。運んでくれる事業者の方が全国に大勢いたという状況では、ＣＬＯの必要性がなかったということだと思います。つまり、それまで物流が全社的な経営課題になることはなかった。それこそが、日本にＣＬＯが根づかなかった理由ではないでしょうか。当社のように、ＣＬＯという名前こそ使っていませんが、サプライチェーンを統括する組織がある日本の企業はまだまだ少ないと思います。

森：運送会社さんが「運べない」といった背景は何だったのでしょうか。

深井：コストの側面が大きかったのだと思います。また、当社は繁忙期と閑散期の物量に差があり、12月の物量は6月の物量の2倍くらいの量になります。そうした状況に弾力的に対応できるかどうかなどの理由もあったと思います。

森：ということは、御社のサプライチェーン本部というのは、物流を止めないために組織として対応しよう、物流だけではなく、生産から全部見よう、そうした理由で誕生したわけですね。

深井：私たちも、リスクが顕在化して、はじめて気づいたんです。それまでは、「物流はコストを予算内に収めてくださいね」「ちゃんと運んでくださいね」「大丈夫です」ということでやってきていました。

森：御社はCLOの設置が義務づけられる対象企業になるでしょうが、そうなっても状況はあまり変わらないわけですね。

深井：当社はまったく変わらないと思います。組織の名称は変わるかもしれませんが、機能としては変わらないと思います。そもそも、私たちがなぜサプライチェーン本部を作ったかというと、物流は生産能力とストック量にものすごく左右されてしまうという前提があります。私たちの事業は装置産業という側面がありますが、季節によって需要が大きく異なるので、12月の、6月の2倍以上の需要に応えるために、9月、10月くらいから作り溜めもしています。どんどん在庫を増やしていくわけですが、生産能力に余力があれば、そこまでの在庫は必要ありません。だったら、生産能力もゼロから考えたほうがいいんじゃないかとか、在庫量はおそらく卸店さんの2倍以上は持っているけれど、それって本当に必要なのだろうか？　というように、在庫量と生産能力は深く関係しているので、両方を見ていかないことには物流の問題は解決しないという意識がありました。サプライチェーン本部で、物流はもちろん、資材調達や生産も含めて横串で見ないと、世の中の変化に耐えられないだろう、と。

森：そうしますと、最初の質問に戻りますが、ＣＬＯが誕生することで何が変わるでしょうか。

深井：もう、劇的に変わると思います。やはり物流というものは、個社でいくら努力しても、変えられることは少ないように思います。ですから、当社もこの4年ほど、垂直連携や水平連携に取り組んできました。ただ、問題は波動だと私は思っています。波動がなければ、物量は決まっていますから、毎日一定のトラックが運んで、一定のストック量を持つ、これでさほど問題はありません。しかし当然、波動が起きる。そしてその波動は個社では吸収できないので、できるだけ多くの企業の製品を、業種、業界を超えて集める必要があります。なので、私たち

は飲料メーカーさんやビールメーカーさん、JA全農さんといった、当社とまったく違う波動、違う製品特性との組み合わせで、その波動を吸収し平準化することをずっと狙っていますが、各企業様で温度差があります。そこまで戦略的に考えておられない企業もあるし、そもそも物流が経営課題に上がっていないので、物流の担当責任者が経営陣と改革に向けた話ができない、といったこともよくお聞きします。それがCLO設置となった瞬間に、否が応でも、どの企業様もサプライチェーンの何が問題なのかということを、明確に経営課題として再認識するでしょうし、サプライチェーンで新しい価値を創造しようといった思考にシフトしていくのではないでしょうか。シフトしていけば、物流だけでなく、「資材や生産、営業も販売も横串を通して見ないと、最適解って出ないよね」と、物流部門の機能もかなり変わってくる気がしていて、それが今回の件で加速化すると思います。そしてその過程で、いろんな業務プロセスのどこに問題があるのかを追究するようになるはずです。そうすると、現状のプロセスが可視化されて、「ここに無駄がある」「ここは他社と一緒にやろう」「ここは相手にお願いしよう」「ここをもっと深掘りしよう」といった動きが出てきます。現状の業務プロセスのなかの、例えば「商習慣」と雲がかったような表現をされてきたことについても、「それってどういうこと?」「実際に何が行われ

ていて、それにどんなコストがかかっている？」と明らかになってくれば、それにより、効率化しようというインセンティブが生まれます。そうなると、連携が目に見えて加速化していくでしょうし、CLOはその起爆剤になるのではないでしょうか。

森：御社が提携したいと思っていても、相手にその認識がないために進展しなかったことも、周りの認識が高まってくることで、提携関係も活発になることが期待できるわけですね？

深井：当社もそうでしたが、これまで見えていなかったことがたくさんあるはずです。それが見えてきて、問題や無駄が認識された瞬間に、日本人はものすごく真面目ですから、何とかしようという方向に一気にシフトすると思います。なかなか改善が進んでこなかったのは、サプライチェーンの問題がクリアに見えていなかったからです。ですから、それらがクリアになってくることが、まずスタートだと思います。

森：中小企業では、まだ取り組んでいない、何もしていないところもありますね。

深井：皆さんが問題を切実に感じておられないのは、今はほとんどのところが運べているので、そもそも何が問題かわからないからではないでしょうか。今は「物流の適正化・生産性向上に向けたガイドライン」が示されていますし、それに基づいた各社・各業界団体の自主行動計画もできているので、CLO協議会が発足して成功体験などが共有化されていくなかで、「それって、うちでもできないの?」といったことは、意外とすぐに進むのではないかと思います。当社も2019年にきっかけがあって、物流を細かく見てみたら、「問題がいっぱいあるね」となりました。これを私たちは「伸びしろ」と呼んでいて、「伸びしろだらけだね、ここ」と思ったのです。おそらく多くの企業さんで、「行政がここまでいうのなら、ちょっとなかを見てみよう」と経営者がいった瞬間に、「伸びしろだらけじゃないか、物流、サプライチェーンって」「これで何か新しい価値を作れるんじゃないか」という方向にチェンジしていく気がします。

森：サプライチェーン本部を設置したことで、御社では何かが変わりましたか。例えば、物流部長はそれまで物流面しか見ていなかったのが、生産をはじめいろいろなところに関与しますよね。全体的に見ることによる効率化とか、数字には表われない効果もあるかもしれませんが、その辺はいかがでしょうか?

深井：劇的に社内が変わりました。よく外でお話しするのは、私が営業戦略部にいた頃のことです。当社は、新製品が爆発的に売れたりするんです。ですから営業部門としては、「何で新製品が欠品するんだよ、もっと作ってくれよ」と、生産部門に対してものすごく不満に思っていました。逆の面からいうと、生産部門では「営業は毎回計画を狂わせて、ふざけるな」と思うわけです。営業が計画を狂わせるせいで、工場長は各従業員に「今度の土曜日、休日出勤してくれないか」「今日、2時間残業できないかな」と頼まなければならないのですから。でも、そうなってしまうのは、バラバラで縦割りだからです。そこで、彼らに横—横で話をするワークショップを繰り返し実施しました。マーケティング部のブランドマネージャーなども含めた横串のメンバーで話したところ、生産側は「営業はそんなに大変なのか。そんなに需要予測が難しいんだったら、生産をもう少し弾力的に考えるよ」と変化し、営業側も生産に対してかなり不満があったのが、「工場長、現場ってそんなに大変なんだ。だったら、もう少し計画精度を上げるよう取り組んでみるよ」とお互いに歩み寄るようになって、相互理解が格段に進みました。

森：では、荷主の立場で物流会社・物流業界に期待することはあるでしょうか？　ＣＬＯが生まれることによって、物流業界に何か影響は出てくるでしょうか？

深井：私たちは荷主なので、他のメーカーさんがどんな荷物をどのタイミングでどこに運んでいるかは、知り得ません。一方、物流事業者さんはそれを全部把握しているはずです。これから働き手が少なくなってトラックは減るのですから、物流事業者さんがビジネスのルールを変えて、お互いに融通をきかせて情報を開示し、自分の得意なところだけを請け負っていただけるのであれば、率直にいえば、私たちはどの物流事業者さんに運んでもらっても構いません。実現できるかどうかは別にして、一般論でいえば、「日清食品の荷物しか運ばない」となると、効率はかなり悪いわけです。でも現状では、大手でも、日清食品の荷物を運んでいる、B社の荷物を運んでいる、C社の荷物を運んでいる、という縦割りになっているようです。横—横の情報連携がなされていないのであれば、効率的ではない、フィジカルインターネットの世界は遠いと思います。物流事業者さんがすべての荷主の荷物を俯瞰で見て、「これは1日遅らせたほうがハッピーだから、荷主に聞いてみよう」「この荷物はあのついでに持っていくようにしよう」「これは一緒の便の行き帰りに運んだらいいんじゃないか」など、彼らのなかでできる改善はたくさんあると思うんです。

森：メーカーごとに分かれているサプライチェーンに横串を入れるということですね。

深井：それがＳＩＰ「スマート物流サービス」※でやろうとしていた事業だと思っていますが、

なかなか進んでいないようです。これは、私たち荷主が言うのは簡単なんですよね（※注　内閣府が推進する「戦略的イノベーション創造プログラム（ＳＩＰ）の一課題が「スマート物流サービス」。サプライチェーン全体の最適化を図り、物流・商流分野でのデータを活用した新しい産業や付加価値を創出し、物流・小売業界の人手不足と低生産性の課題の解決を図るために、物流関係者間のデータ連携などを研究。２０１８~２０２２年度に実施）。

森：荷主さんの意識もだいぶ変わってきているように感じますが、いかがでしょうか。

深井：変わってきていると思います。実際に、私たちも10数社のメーカー、コンビニの間で情報をすべて丸裸にしています。どうせわ

かることですし、競争領域ではないと思うんです。私たちメーカーにとっては、お客様に買っていただくことが最終目的で、モノを運べなかったらそもそも買っていただけません。また、買っていただけるかどうかは、どのように運ぶとか、どのメーカーとどのメーカーが一緒に運ぶかとは、まったく関係ありません。お客様には見えない話ですから、競合メーカーといえども物流は協調領域と捉えて、自社単独でやることにこだわる理由はない気がします。

森：輸送手段や保管といったところはオープンにして融通し合うという意味では、共同物流とかフィジカルインターネットの世界ですね。同じ業界だと、最後に行きつくところは小売店など、大体同じですからね。

深井：必ず同じです。例えば、私たちのスーパーでの売上の大きな部分を、「特売」が占めています。スーパーの「エンド」といわれる、陳列ケースの端の通路に面した部分に特売品がたくさん積んでありますよね。あのエンドは、53週の使用計画がスーパーの販売計画として決められていて、当社が入っている週に、同じカテゴリーの競合企業の特売は入っていません。競合企業の特売が入っている週には、当社が入っていないんです。ということは、当社と競合企業の製品を一緒に運んだら、そこは必ず平準化するはずです。そんなことを、カテゴリーを超えて取り組んでいけば、物流の波動はフラットになるはずです。なぜなら、3月は急にいつもの2倍の量を食べるなんてありませんよね。夏はあまりラーメンを食べないとか、季節で若干モノは変わりますが、食べる量は決まっているはずなので、そこまで上下することはなく、食品の物流は平準化するはずです。

森：その意味では、競争するのは製品であって、物流ではないということでしょうか。

深井：製品と店頭では競争するけれど、物流を含む隠れている部分では、別に競争しなくてもいいんじゃないでしょうか。今、イオン九州さんやトライアルさんなど九州の小売店さんが、物流の協業をはじめていると聞いていますし、「2024年問題」が社会の課題として明確に認識されはじめたこともあって、「もう、物流を競争領域と考えるのはやめよう」と皆さん思っているのではないでしょうか。

森：だから、この動きはもっと業界を超えた大きなうねりになる、CLOが誕生することで、その可能性が出てくるということですね。

深井：サプライチェーン本部として4年間活動してきてわかったのは、同業種の連携では、実はメリットが出にくいということです。業種を超えることが大事なのですが、業種を超える情報は、なかなか取りにくいものです。私たちでいえば、食品メーカーとのパイプはたくさん持っているけれど、他の業界となると接点がありません。ですから、CLO同士で情報交換する動きが出てくることが突破口になると思いますし、それを本当に期待しています。業界内での共同配送は結構ありますが、業界横断となると、なかなかないと思います。でも、おそらく簡単にメリットが出るのは、業種・業界を超えた共同保管と共同輸配送です。

森：異業種で提携する際のポイントについて、もう少しお聞かせください。

深井：異業種の提携で重要なのは、情報です。情報がオープンになると、組み合わせが広がります。今、私たちが限界を感じているのは、1対1の守秘義務契約なので、組み合わせが見つかるのが一対だけという点です。これが業種を超えて3、4社で守秘義務契約を結んで、4社くらいのデータを自由に使えたら、ベストなマッチングがもっとたくさん出てくると思います。ただ、今はマッチングをほぼ手作業でやっているので、非常に効率が悪いです。私たちが持っているデータと他メーカーさんが持っているデータの切り口、表現、粒度《りゅうど》が違います。これらを標準化していかないと、難しいでしょう。

森：求車求荷システムみたいなものも、オープンにして共通化しなければならないでしょうね。

深井：そうですね。システム会社さんはたくさん出てきてもいいのでしょうが、基本的なマスターやデータベースは共通化して、サービスの仕方によって差別化されるべきと考えます。プロバイダと一緒にどこを選ぶか、という形に最後はなるべきだと思います。

森：サービス同士がネットワークで結ばれればいいんですよね。

深井：今は、「皆さん、このシステムに入ってください」という人がいっぱい来ています。「うちは、どこにでも乗るといってますから」と答えています。

森：ところで、ＣＬＯ協議会は基本的に荷主企業の立場ですよね。そういう情報交換のなかに、物流企業も入ったほうがいいと思いますか。

深井：絶対に入ったほうがいいですね。そうならないと、実効性がない気がします。荷主企業の業界ごとの団体はたくさんあって、おそらく、話し合いもこれまで散々してきたはずです。そこに物流企業が入ることで、可能性が広がります。よく問題になるのは、私たち荷主企業と物流事業者さんとの間には契約があるけれど、物流事業者さんは、契約がないところに荷物を降ろしに行くということです。やはり、私たち発荷主、物流事業者、あとは小売店や卸店といった着荷主、ここが全部入ってこないと、現状で「商習慣」といわれている不透明な業務プロセスが明らかにならないでしょう。みんなが少しずつ歩み寄って、サプライチェーン全体としてハッピーであるためには、荷主企業だけでは何もできません。やはりすべての関係者がＣＬＯ協議会に入らないと、新しい価値は生めないでしょうし、そもそも変革は難しいと思います。

森：ＣＬＯ協議会という名前だけを見ると、荷主の集まりで

すよね。ここに流通は入るのでしょうか？

深井：それはCLOをどう定義するかだと思います。今回の「物流革新緊急パッケージ」で一番驚いたのは、「着荷主」「発荷主」という言葉が使われていたことです。流通は「着荷主」なので、当然、荷主企業として流通も入ることになると思います。

森：少し視点を変えて、消費者にとっては何か影響があるでしょうか？

深井：消費者は最終的に、「欲しいものが欲しい時に低価格で、もしくは適正な価格で買えるようになる」というメリットを享受できると思います。というのは、例えばこのペットボトルのキャップを仕入れた場合、このキャップの原材料の物流コストがいくらなのか、知ることは難しいです。調べてみると、一部は路線便で送っているらしい、とわかったりします。「路線便ってものすごく高くない？」「はい」と。普段はそんなことを考えずに「キャップ1個○円」で仕入れていて、そのコストは認識されないまま原材料費の一部として消費者価格に転嫁されています。そういったものが明らかになると、「じゃあ、他の資材と一緒にミルクランで運ぼう」とか「他の便の帰りに運ぼう」となって、こういったコストが効率化に向かうので、必ず消費者にメリットが出てくると思います。値段が下がるメリット、サプライチェーンがクリアになることによ

って本当に欲しいものが届けられるようになるメリットなど、他にもあると思いますが、おそらく、この2つが一番大きなメリットになるはずです。サプライチェーンが効率化することによって、本当は消費者が払わなくてよかったものが可視化されてくる気がします。

森：最後に簡単にまとめていただけますか。

深井：物流課題を解決するには、個別の企業の努力では限界があります。ＣＬＯの設置を、みんなで協力し合って解決にあたる機会にすることが大切です。消費者も、物流に対する認識を新たにする、つまり物流を社会問題として捉える機会になればいいと思います。誰もが「欲しいものを、欲しい時に適正な価格で手に入れることができる」社会を維持するきっかけに、ＣＬＯ設置がなることを期待しています。

森：長時間にわたり、ありがとうございました。

（２０２４年1月18日インタビュー）

第4章

SCMとデジタル化・DX

1

デジタル化とDX

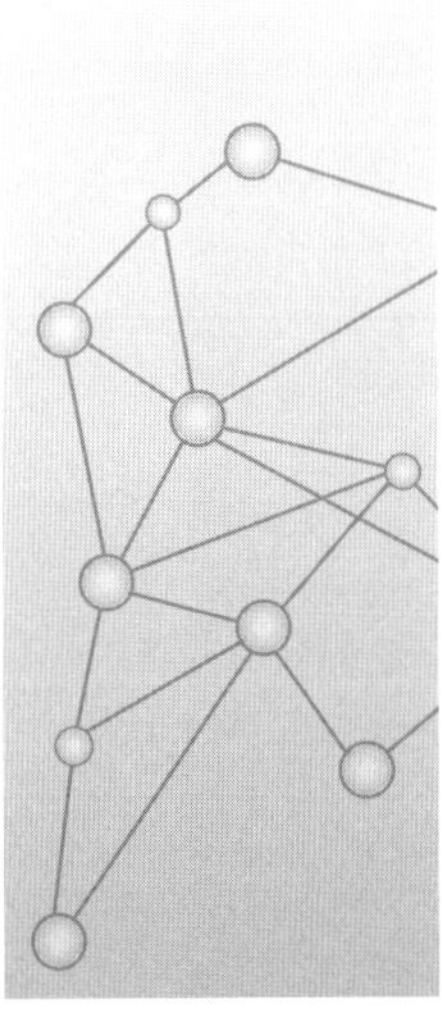

今日の企業経営は、サプライチェーンを意識せずに成り立つことはありません。自らサプライチェーンを構築するか、大きなサプライチェーンに組み込まれるかの違いはあっても、サプライチェーンが経営の中核になっていることは間違いありません。

CLOは、サプライチェーン全体に責任と権限を持つ重要な役割を担っています。その意味で、CLOにとって、現代のサプライチェーンの意味や役割を正しく理解することは欠かせません。

現代のサプライチェーンは、グローバルに展開しています。そのサプライチェーンを支えているのは情報です。昔は、経営資源は「人・モノ・カネ」といわれましたが、現在はこれに「情報」が加わります。現代の物流の発展は、情報技術の進化によるところが大きいのです。

例えば、在庫はピース（個）単位で管理されています。少し大きな物流センターになると、1日に百万の単位で貨物が出入りします。そうしたセンターの管理は、倉庫管理システム（W

ＭＳ）なくしては不可能です。

ＣＬＯにとって、サプライチェーンにおける情報の役割とその重要性を知ることは、避けては通れません。そしてその情報は、デジタル化によって支えられています。

本章では、情報を支えるデジタル化とサプライチェーンについて見ていきます。

①日本がデジタル化に遅れた背景

30年以上、ヨーロッパでビジネスに携わってきた株式会社トレードワルツの代表取締役である佐藤高廣氏は、デジタル化の必要性を次のように述べています。

「日本のデジタル化は欧米に比べて大きく遅れている。まず取り組むことは、物流を含めたサプライチェーン全体を可視化すること。そのためにはデータが必要である。企業（サプライチェーン全体の）のＤＸが欠かせない」

日本のデジタル化が、欧米だけでなく韓国や台湾に比べても大きく遅れていることは、誰もが実感していることです。

ではなぜ、こうした遅れが生じたのでしょうか。それには2つの要因が考えられます。

ひとつは、日本の組織の縦割りの構造です。各企業・組織がそれぞれ独立した存在として機能しており、企業間、組織間の連携が行われていませんでした。１９９０年代中頃から急速に普及したインターネットは、組織と組織、人と人を直接結ぶという変革をもたらしましたが、日本の縦割り組織のなかでうまく対応できなかったということです。

インターネットへの対応の遅れ＝ＤＸの遅れは、日本社会の構造（縦割り社会）と密接に関係しており、日本社会の構造改革と意識改革がＤＸ化に欠かせません。

2つめは、日本の産業構造が「モノづくり」を中心としたものから変わっていないということです。そのため、インターネットを中心としたデジタル技術やデータを活用しきれていません。デジタル化を推進するには、産業構造の改革や意識改革が必要です。

ＣＬＯは、こうしたことを念頭に「明確なビジョンを策定」し、従業員や関係者に認識させなければなりません。デジタル化を推進するには、思考が柔軟な若い人材を登用することも考慮すべきでしょう。なぜなら、高度成長期やバブル期を経験した人たちは、過去の成功体験からなかなか抜け出せないため、変革には不向きだからです。

②デジタル化の種類

ここで、デジタル化とは何か、およびＤＸについてあらためて説明します。

デジタル化、あるいは電子化（本書ではデジタル化と同義で使用）は、デジタイゼーション（digitization）、デジタライゼーション（digitalization）、そしてデジタルトランスフォーメーシ

表４－１　デジタル化の種類

デジタイゼーション Digitization	デジタイゼーションとは、アナログをデジタルに変換すること。アナログ作業の一部をデジタルに置き換えること。
デジタライゼーション Digitalization	プロセス全体の完全デジタル化。既存サービスの付加価値向上、業務の効率化を促すもの。
デジタルトランスフォーメーション Digital Transformation (DX)	デジタル技術による変革。経営の仕組みやビジネスプロセスを作り変えること。

ョン（digital transformation／DX）の3つに分けられます。

デジタイゼーションとは、アナログをデジタルに変換することです。アナログ作業の一部をデジタルに単純に置き換えることです。

デジタライゼーションは、プロセス全体を完全デジタル化することで、既存サービスの付加価値向上、業務の効率化を促すものです。

デジタルトランスフォーメーション（DX）は、デジタル技術による変革を意味します。これによって経営の仕組みやビジネスプロセスを作り変えます。企業としては、DXを目指さなければ、デジタル化の意味はありません。

ちなみにDXは、2004年にウメオ大学（スウェーデン）のエリック・ストルターマン教授がはじめて使った言葉です。2016年頃から論文などで盛んに使用されるようになりました。2018年、経済産業省により「デジタルトランスフォーメーションを推進するためのガイドライン」（DX推進ガイドライン）が出されて、日本でもDXが定着していきました。

③デジタル化の効果

デジタル化の効果を考えるにあたっては、メリットより、取り組まないことによるリスクを考えることです。もちろん、デジタル化には複数の効果が見込めます（図4-1）。

デジタル化によって、効率化や見える化（可視化）など様々な効果が期待できます。ただし、デジタル化すること自体が目的ではありません。重要なポイントは、**デジタル化によるデータ収集**です。

「データを制する者が市場を制する」ともいわれます。日本は、デジタル化に遅れているだけでなく、データ収集においても遅れています。そして重要なのは、**収集したデータをいかに活用するか**です。この点ついても、日本はお世辞にもうまいとはいえません。アマゾンやウォルマートに比べて十分活用されていないのが現状です。

つまり、デジタル化の意味は、データ収集であり、そのデータを活用したマーケティングであり、質の高いサービスの提供にあるということができます。

図４－１　デジタル化の効果

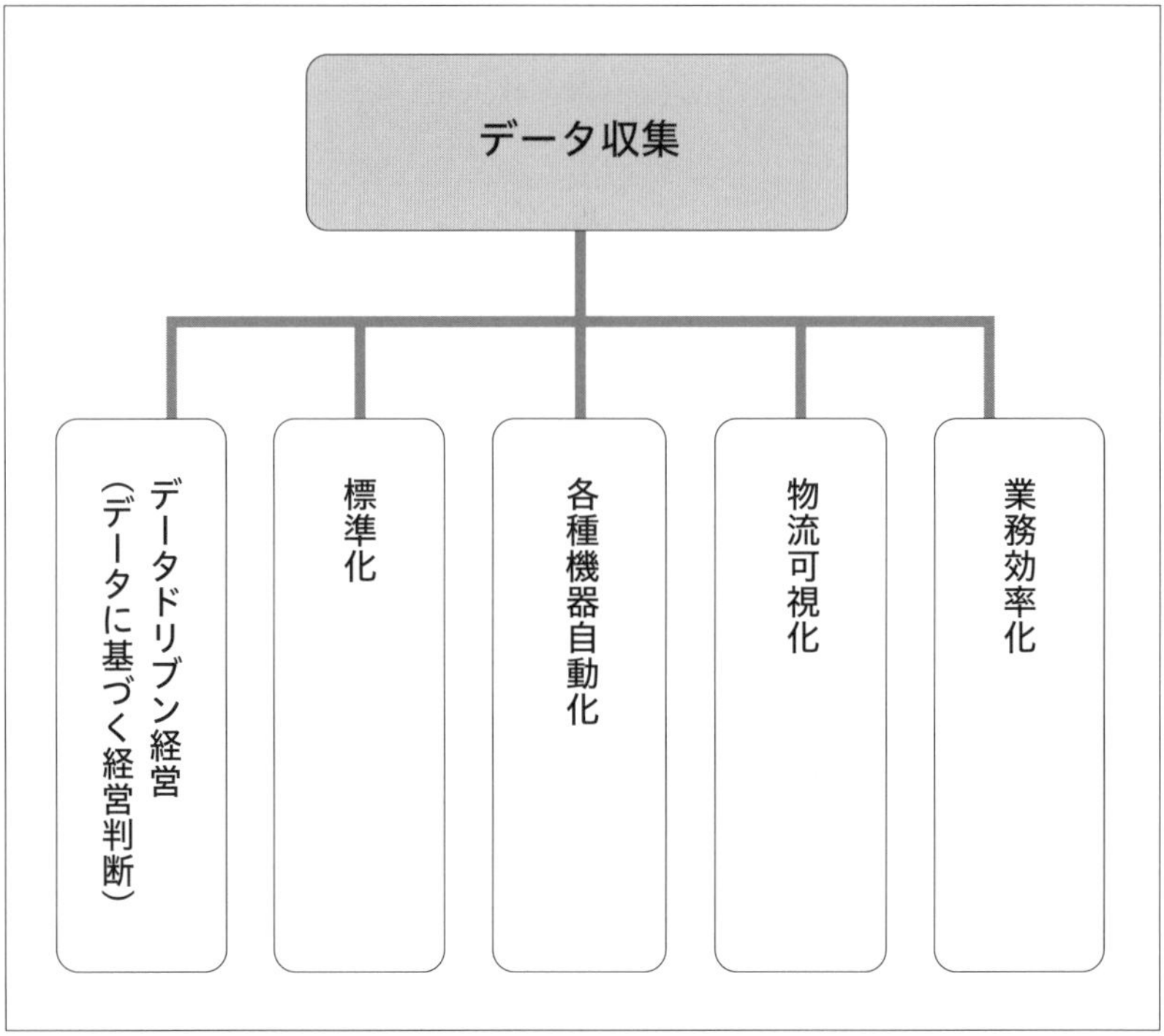

著者作成

2

DX推進のための戦略的アプローチ

デジタル化を推進する方法は、４つ挙げられます[1]。エクスペリエンス戦略、データドリブン戦略、ヒューマンスキル戦略、アジャイル戦略の４つです（表4-2）。

ここでは、CLOにとって最も関係の深いと思われるデータドリブン戦略について説明します。「データドリブン経営」という言葉があるように、今日の企業経営はデータに基づいて現状を的確に把握し、それに応じて戦略を立て、運営しています。

新型コロナ禍のもと、国際海上輸送ネットワークが破綻し、スペースの確保と運賃の高騰に悩まされたことを思い出してみてください。こうした状況から、多くの企業が在庫を積み上げ、過剰在庫となり、そのことが船腹不足をさらに深刻なものにするという悪循環に陥りました。

先出のトレードワルツの佐藤高廣氏は、サプライチェーン全体の状況を的確に把握し、冷静に判断していれば、過剰在庫は防げたはずだといいます。そのためには、データの収集とサプライチェーン全体を掌握するCLOの存在が必要であるといいます。

1　雨宮寛二『世界のDXはどこまで進んでいるか』新潮社（2023）

表４－２　ＤＸ推進のための４つの戦略的アプローチ

エクスペリエンス戦略	顧客体験を最適化することが目的です。顧客が製品やサービスを購入するプロセスを単純化することや顧客のニーズに合わせたサービスを提供することも含まれます。
データドリブン戦略	データとロジックに基づく意思決定を意味します。必要となるデータを収集してデータ主導型で意思決定を行うことです。
ヒューマンスキル戦略	DX を推進するために必要となる社員のスキルや能力の最適化を図ることが目的です。
アジャイル戦略	社会やビジネス環境の変化に対応するために、迅速かつ柔軟な開発を行えるよう組織の最適化を図ることが目的です。

出所：雨宮寛二『世界のDXはどこまで進んでいるか』新潮社（2023）

データを収集できる体制を整備し、そのデータをもとに的確な経営判断を下せる状態がデータドリブン経営であり、そのための戦略、つまりデータに基づく経営判断ができる体制を構築するのがデータドリブン戦略の第一歩です。

日本の企業の多くが、十分なデータ構築とそれを活用する体制ができていないのが現状です。サプライチェーン全体を掌握するためには、「物流の可視化（見える化）」が欠かせません。そのための第一歩がデータ収集です。「見える化」するには、データがなくては成し得ません。データ収集、そして可視化が、CLOが取り組む最初の課題です。そうはいっても、「可視化ってどうすればできるの？」というのが大半のCLOの本音ではないでしょうか。

私も含めて、文系の人間にとって、データの取り扱いは、結構ハードルが高いものです。CLOはスーパーマンではありませんから、何もかも自分でしようとするのではなく、足りないところは専門家の手を借りればいいのです。社内にそういった専門家がいなければ、社外に頼りましょう。いわば、「CLOのための『見える化』ツール」を提供する企業は少なくありません。株式会社アイデオット、ラスソフト、プロジェクト44やオー・ナインなどが挙げられます。それぞれが、生産管理に強い、あるいは調達系に強い等特徴があるようです。なかでもアイデオット[2]は物流系に強く、価格も手頃だと評価が高いようです。こうした社外の力をうまく使うのも戦略的に必要なことです。

2　株式会社アイデオット（aidiot inc）。https://aidiot.jp/company/about/

3

ＤＸの必要性

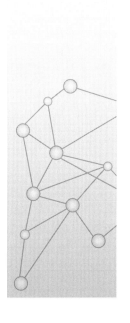

「デジタル化するか、さもなくば死か」。これは、２０１５年に東京で開催された「ワールド・マーケティング・サミット・ジャパン」でのマーケティングの巨匠、フィリップ・コトラーによる発言です。現代の企業経営は、データ中心です。そうした状況を、コトラーは10年近く前にすでに見通していたのです。すごい洞察力だと思います。

今、企業がなぜデジタル化・ＤＸに取り組む必要があるのでしょうか。しばしば、「デジタル化することで何のメリットがあるのですか」という質問を受けます。それに対する答えは、**「デジタル化・ＤＸは、メリットよりも、取り組まないことによるリスクがはるかに大きいから」**です。

コトラーが指摘するように、デジタル化に取り組まなければ、市場からの撤退を迫られることになります、

現代において、あらゆる業界が多かれ少なかれデジタル化の波に飲み込まれつつあります。

デジタル化によって業務やビジネスモデルが大きく変わります。その流れは、新型コロナウイルスによるパンデミックで加速されました。

さらに物流分野では、「2024年問題」がデジタル化を一層加速させようとしています。この変化に対応できない企業は、生き残れないでしょう。

帝国データバンクによると、2023年の企業倒産件数は前年比33・3%増の8497件で、なかでも物流や建設の中小企業の増加が顕著だったと報じられました[3]。2024年問題を控え、体力のない中小企業が淘汰の波にさらされたとのことです。つまり、人材獲得力の差ということです。たしかに力の絶対的な差はあるでしょう。しかし、大手にとっても従来以上に雇用を増やすのは至難の業です。従来と同じやり方では、2024年問題を乗り切ることができないのは大手も同じです。やり方やビジネスモデルを変えるしか、方法はありません。

そのために役立つのがデジタル化であり、DXです。生き残るためにはデジタル化・DXという流れに乗るしかないのです。そして、どうせやらなければならないのなら、早く取り組んだほうがいいでしょう。

次に、マーケティングの視点からデジタル化の必要性を考えてみます。以前のマーケティングは、自らの売りたい商品をどうやって売るかがポイントでしたが、現在のマーケティングの基本は「顧客の求めるものを売る」ことです。そのためには、顧客が何を求めているか（顧客のニーズ）を知ることが必要です。

3　日本経済新聞2024年1月13日付朝刊

顧客が何を求めているか、顧客ニーズの主なものを拾ってみました（表4‐3）。ここからわかることは、製造業、流通業の多くの顧客は、エンド・ツー・エンド（サプライチェーン全体）の可視化＝デジタルサプライチェーンの構築を目指しているということです。こうした顧客の要望に応えるためには、自らが提供するサービスをデジタル化するしかありません。

これは、大手企業に限ったことではありません。中小企業を含めて、サプライチェーンに組み込まれたあらゆる企業にとって、デジタル化が不可欠であることを意味します。サプライチェーンを構成する一部の企業がデジタル化に対応できていなければ、サプライチェーン全体で目標が達成できないことになります。そのため、**デジタル化に対応できない企業はそのサプライチェーンから排除される**、いい換えれば商売を失うことにつながります。

ＣＬＯは、自らのサプライチェーンのデジタル化・ＤＸに取り組むと同時に、自社の構築するグループのサプライチェーン全体のデジタル化・ＤＸにも関与しなければなりません。

表４－３　製造業・流通業の企業の物流分野におけるニーズ

①	サプライチェーン上の輸送データの可視化
②	各種手配のアナログ（電話・ファックス・メール）から オンライン手配への変更
③	輸送・在庫確認のリアルタイム性実現
④	物流資本の固定化から流動化（As a Service）へ
⑤	契約・伝票処理などの簡素化・自動化
⑥	トレーサビリティの担保
⑦	質の高い情報管理体制の構築
⑧	物流共同化の推進による物流効率化の実現
⑨	他業界・周辺機能との連携によるエコシステムの実現

著者作成

株式会社トレードワルツ　代表取締役社長

佐藤　高廣　氏

森：ご存じのように、２０２３年秋、「２０２４年問題」の対策として政府は「物流革新緊急パッケージ」を出しました。そのなかに、「一定規模以上の荷主企業は、役員クラスの物流の責任者を置く」という内容が含まれています。今年の通常国会で議論されており、法制化される見込みです（※注　２０２４年4月26日、国会において「流通業務の総合化及び効率化の促進に関する法律及び貨物自動車運送事業法の一部を改正する法律案」が可決・成立。同年5月15日、改正法〈令和6年法律第23号〉が公布）。まだどのくらいの規模以上の会社が対象になるかは決まっていませんが、３０００から５０００人くらいのＣＬＯ、いわゆるチーフロジスティクスオフィサーが生まれるだろうと見られています。今、ほとんどの会社が「ＣＬＯって何？」と、任命するほうも、されるほうもそんな状態だと思います。そこで、海外で30年近く仕事をされて欧米のサプライチェーン事情にも詳しい佐藤さんに、ＣＬＯやその役割についてお聞きしたく思います。

佐藤：ヨーロッパで28年、米国で2年仕事をして、昨年10月にトレードワルツに入社しました。

三田工業、京セラやミスミなどの現地法人で勤務してきました。例えば、京セラのドキュメントソリューションズ欧州本社（オランダ）の社長を拝命し、そこで事業再生を手がけました。その時に「デジタル化」を事業再生の手法に相当使いました。サプライチェーンマネジメントにおいては、当然のようにコストを落とさなければならないので、マニュアル作業をデジタル処理に変更し固定費を落としましたし、社内をデータでつなげるだけではなく、社外情報、例えばマーケティングや営業進捗情報もつなげ、マーケティングから生産販売のデリバリーまで一貫したデジタル化を行いました。そうした経験から、サプライチェーンやＣＬＯについて、多少なりともお役に立てるお話ができればと思います。

森：例えば、ヨーロッパにはＣＬＯはいたのでしょうか？　ヨーロッパのＣＬＯ事情についてお話しいただけますか。

佐藤：京セラ時代は、５年以上前の話ですが、サプライチェーンおよびキャシュフローについては自分が乗り出してやっていましたので、ＣＬＯというポジションの人は持ちませんでした。その当時、サプライチェーンマネジメントが一般にも浸透していた時期でしたが、サプライチェーン情報をデジタルでつなげることによって、社内の効率を上げることに取り組んでいまし

た。目的はキャッシュフローマネジメント、ＲＯＥ・ＲＯＡの世界ですね。ここを目指さなければいけないので、とにかくキャッシュの無理・無駄をなくすことを考えました。その後、ドイツでミスミに勤務していた時には、ＣＬＯのポジションは、非常に戦略的なポジションとの位置づけでトップ経営メンバーの一員でした。なぜかといいますと、例えば、ｅコマースの成功モデルはアマゾンのモデルに象徴されますように、デジタルで無限大のお客様とサプライヤーさんをつなげること。デジタルでつなげて、多くの中間業者を中抜きにする世界観です。そしてもう1つの特徴は人が売り買いに行くのではなく、ネットで売り買いしモノがデリバリーされるという、物流を戦略の中心に置いたモデルです。ミスミとしては中間流通業者の削減とデリバリーを徹底的に作り込むことを志向しました。そのためには、サプライチェーン全体を統括する役割であるＣＬＯが必須だったわけです。２０１９年頃には、すでにそういう組織を作っていました。

森：その方には、サプライチェーン全体に対する権限を与えていましたか。いわゆる日本の物流部長のように物流だけというのではなく、サプライチェーン全体を見るという役割でしたか。

佐藤：サプライチェーン全体です。そして、一番重要なポイントが、商品というのは、その商品だけで成立するのではなく、時間軸や場所軸と組み合わさってはじめて商品になるということです。その部分を作り込むという意味では、CLOの役割は物流ではなく、サービスを作り込むという役割、これが本当にコアな部分だったと思います。

森：まさにCLOの役割とはそういうことですね。いわゆる物流部長や物流に責任を持つ人は、物流だけを見ているわけですから、商流の部分はあまり見ていません。つまり、物流部長とCLOはまったく違うということですね。

佐藤：俗にいう日本の物流部長さんはそうですね。おっしゃる通りです。ただし多くの物流部長も上下流工程の情報が可視化できたら物流効率は向上すると理解されている方々も多いとの認識です。

森：日本にもCLOが誕生するわけですが、これによって産業界、ビジネスにどのような効果が出るとお考えでしょうか。

佐藤：私はCLOの登場によって、多数の効果が出ると期待しますが、主に2つ大きな効果があるのではないかと思っています。1つ目は、先ほども申し上げましたように、サプライチェーン全体を統括しサービスを作り込むという概念の浸透です。タイミングとか場所とか、デリバリーの仕方等も含めて商品であるという概念が、欧米は結構進んでいるのに対し、日本は、モノ作りが優れていた成功体験のせいで、その概念がまだ少し遅れているように感じています。もう1つの効果は、先ほど先生もいわれたように、CLOの仕事とは、いわば経営ですよね。

効率化や最適化を通して、とにかくＲＯＡ・ＲＯＥを徹底的に追求する、キャッシュフローを作り出す。この２つの効果が生まれるのではないかと想定しています。物流というのは商品の一部であるし、経営資源の一部です。しかし、なぜかモノ作りの部分とマーケティングはしっかりやるのに対し、そこをつなげる物流については、「モノをただ右から左に動かす」程度に留まっているのではと思います。この面で日本は大きく遅れてしまったのだろうと、ものすごく思います。私が非常に残念に思っているのが、日本でトヨタさんが何十年も前に作られたカンバン方式が、欧米で徹底研究されデジタル化され応用されつつあることです。多くの企業がカンバン方式を真似、発展してＥＲＰが作られ様々なアプリと連動、さらには産業間データ連携に発展しています。社内のみならず、川上・川下を含めたサプライチェーンマネジメントということです。多くの国内企業では、それが社内で終わってしまっているのではないでしょうか？　あとは、物流が商品の一部として認知されていない、ここが他国との決定的な認識の差だと思います。トヨタさんは世界を席巻して、今も勝ち続けていますが、多くの日系企業も過去は世界を席巻して、そこでトップを走っていたにもかかわらず、日本の多くの製造業が遅れてしまった。ここが腑に落ちないところで、そこにはサプライチェーンマネジメントの捉え方とその発展に問題があったのではと考えています。

森：ＣＬＯができたら２つの効果があるというお話がありましたが、他にどんなメリットがあるでしょうか。企業にとって、ＣＬＯができることによるメリットとは？

佐藤：他のメリットという観点でいきますと、ＩＴ化、デジタル化がより進むのではないかと思います。これは、ＣＬＯが最初に何を着手するかといったら、おそらくデータを取って分析や判断を行っていきますので、そのための物流だけではない川上・川下のデータインフラを作ると思います。今、多くの物流部長も苦労されていますが、ＣＬＯの方々が経営資源を効率化するには、どこにどれくらい時間がかかっていて、どこにお金が眠っているのか、これを可視化しなければなりません。可視化したうえで、はじめてＩＴ技術を使って本来の意味の最適化が起きるはずです。その観点でいえば、おそらく社内単位では、デジタル化を推進させない限り、ＣＬＯが活躍する場を作ることは難しいはずです。社内の情報のデジタル化が1ステップ目と考えています。社内の情報をデジタル化できた次のステップでは、例えば物流業者さんや通関業者さん、相手先の貿易業者さんなどが参画し情報をやりとりする、産業間データ流通がはじまるはずです。これが俗にいうＤＸによる企業間・産業間・国家間サプライチェーン最適化として破壊的な力を持つのではないかと私は思っています。ＣＬＯ単体の話ではなくなってきますが、極端にいえば、サプライチェーンマネジメントという概念が社内だけではなく産業内になり、産業内というのが国境を越えて貿易という世界まで入り込むと、例えば、鉄

鉱石がある一定量取れました、これが自動車を作る時の鋼板の材料として確保できるのか、できないのか、今、どれだけ在庫を確保すべきかといった正しい判断ができるようになる。そんなことが起こるはずです。世界貿易とかグローバルサプライチェーンのなかで、本当の平準化が起きてくるのではないかと思っています。

森：サプライチェーンのなかでの平準化とは、どのようなことでしょうか。

佐藤：この平準化は、適正な購買、在庫、生産、販売を行うには、正しい情報をもとに正しい判断ができたうえで達成できるという意味です。例えば、2年前に私がアメリカで勤務していた時ですが、コロナショックの後で物流が乱れに乱れました。その当時、サプライヤーの供給能力、陸空海の物流能力、販売先の購買能力と、不完全な情報のなか、生産ストップの恐怖心のもと、過剰なバッファー在庫を積んだのです。一定期間経つとそれが過剰在庫であり、キャッシュを無駄に使ってしまったことに気がつくわけです。物流用語ではブルウィップ効果といわれますが、目先の情報や不完全な情報だけを見ると、ものすごくモノが滞っていたり、在庫が増えていたりするように見えても、サプライチェーン全体では、そんなことはないわけです。広い範囲での見えない情報を可視化できて、正しい判断ができて、その結果、平準化が起きるということです。

森：すると、CLOになった人がまず取り組むことは、情報の整理でしょうか。それによって取引先との情報交換が活発になり、その結果、平準化が進むということでしょうか。

佐藤：DX化、あるいは可視化・見える化と呼んだほうがいいかもしれないですね。

森：そういう経営の正しい判断が可能になる、CLOはそういう役割を担っているということですね。

佐藤：はい。CLOの役割についてもう少しスコープを広げて考えると、これから先はESG（Environment、Social、Governance）の観点も外せないと思います。ロジスティクス担当というだけでなく、ロジスティクスで使ったエネルギーであるとか、チャイルドレイバーを使っていないかなどを企業は問われるはずです。スコープ3の世界に入ってきますから、可視化してマネージしなければなりません。実際に、ナイキさんがチャイルドレイバーをタイで使っていたということで批判されましたね。そういう部分の可視化まで、CLOの役割は広がってくるのではないでしょうか。ESGの観点、この3つの責任が企業に問われる。サプライチェーン全体でのこの3つの責任もCLOの役割になってくるのではないでしょうか。

森：そうなると、CLOというより、むしろCSCO（チーフ・サプライチェーン・オフィサー）と呼ぶべきかもしれないですね。CLOは、サプライチェーン全体に責任を負う立場であると思います。今いわれたように、サプライチェーンの役割は、従来とは変わっています。というのは、サプライチェーンができたときは効率化や経済性に主眼が置かれていましたが、加えて今ではリスク要因も重視されています。ＥＳＧや子供の強制労働の問題、もっといえば、環境や自然災害に対するリスクといったものも、サプライチェーンを構築する際に考えますね。そうしたリスク管理というのも、やはりＣＬＯの役割だろうと私も思います。

佐藤：乱暴な表現かもしれませんが、昔の会社では経営者は3つの財務諸表を見ていれば済みました。ＰＬとバランスシートとキャッシュフローですね。ところが、ＥＳＧという概念が登場したことで、環境と社会との調和にも目配りをしないと、どんなにがんばっても株価は上がらないし、株価が上がらないと経営資源を集められないといった状態になっています。あと5年、10年で、社会的な責任の部分のほうが重視される時代が来るかもしれません。その種まきという意味では、ＣＬＯには非常に重要な役割が期待されています。

森：大企業はＥＳＧを強く意識しています。だけど、中小企業はまだそこまで意識していません。ところが、中小企業も大企業のサプライチェーンのなかに組み込まれているということは、意識しなければいけないですよね。

佐藤：おっしゃる通りです。私も直近は日本電産という大企業で勤務していましたが、ＥＳＧへの意識は数年で急激に高まりました。私はアメリカのオペレーションを見ていましたが、ＥＳＧ対応を全社で進めるなか、欧米の子会社はすでに対応済み、もしくは対策中という状態でした。社会全体の機運もそうですが、実ビジネスで取引契約を締結、継続するためには不可避の対応だったということです。このネットワーク効果は日系企業に、そしてそのサプライヤーである中小企業にと、その波から逃れることはできないと思います。そして対応しないとサプライチェーンから外される、商売を失うということです。

森：先ほど、DX化に取り組まなければならないというお話がありました。DX化の一環で、トレードワルツさんが関わるところが出てきそうですが、その辺はいかがでしょうか。

佐藤：そうですね、当社の事業は貿易DXで、貿易の未来を作ることです。貿易実務の紙やメールに代表されるアナログ作業をデータ流通で行い、効率化、コストダウン、貿易の一元管理、コンプライアンス経営を提供しています。日本は島国ですから特にそうですが、モノの輸出入がどうしても発生します。貿易はアナログ作業といいましたが、このITやDXの時代においては、アナログ作業で情報は分断されます。貿易はサプライチェーンマネジメントのアキレス腱だと考えていますので、当社のサービスを梃に、サプライチェーンマネジメントの強靭化に寄与できればと考えています。国策に近い内容ですので政府関係者からも多大なご支援をいただいていますし、社員も国力の底上げを意識し集まっ

ていますので、確実にお応えしていきたいと考えています。

森：ＣＬＯ誕生による影響について、もう少しお聞かせください。ＣＬＯの誕生で、日本の物流にどんな影響が出てくるでしょうか？

佐藤：おそらく、物流からサプライチェーンマネジメントへと上位概念にシフトするのではと思います。それは、先ほどから申し上げているように、無駄な在庫や無駄な商品を作らないようになっていくであろうということです。なぜかといいますと、ＣＬＯが広範囲に情報を取ることによって、必要なモノを必要な場所に置くという、最適化の行動が起こるはずだからです。

もう1つは、お客様に対するデリバリーの面でも影響が出るでしょう。背景には、トレンドの大きな変化があります。従来は人が移動してモノを買っていましたが、今はインターネットで買って、モノがこちらに移動してくる時代です。これが、小口のデリバリーがたくさん発生しているメカニズムです。在庫数、納期などの物流が商品の一部、サービスの一部にもなっています。例えば、1日以内にデリバリーしない業者がいたら、「1日以内にデリバリーできる業者を選ぼう」とか、「午前中にデリバリーしてくれる会社じゃないと、私は受け取れない」とか。宅配ボックスの数も増えましたし、物流というものが本質的に変わってきています。お客様にとって本質的に変わってきているという大きなトレンドを、本当に捉えている会社はどれくらいあるでしょうか。別のいい方をすれば、ｅコマース業者がその部分を多く奪っていて、メーカーさんは利益の一部を取られてしまっている可能性があります。その意味で、変革はすでに起きていて、変化する競争要因に柔軟、かつ迅速に対応しないと、海外の新興企業やＩＴ企業に市場を取られてしまうのではないかと懸念しています。

森：これからＣＬＯが法制化されていくなかで、どういったことが求められるでしょうか。

佐藤：ＣＬＯの法制化とは別に、「２０２４年問題」は確実にやってきますから、非常に苦労するだろうと見ています。ただ、それは必要な苦労だと思います。

森：苦労するとは、誰がでしょうか。

佐藤：苦労するのは、荷主さんになるのでしょう。例えば、ドライバーの数はどんどん減ってきていて、さらに労働時間が制限されるので、デリバリーの麻痺のようなものが、ある程度は起こるのではないでしょうか。麻痺に対処するためにデリバリーの条件を緩めるとしたら、求められているサービスのレベルとは逆行してしまいます。デリバリーが遅れる会社は負けるわけですから、今後は新たな競争環境ができ上がってくると思います。正確にデリバリーできる体制は、デジタルを活用しない限り、構築は困難ではないでしょうか。そこで自然淘汰される企業がたくさん出てくるのではないかと見ています。「たくさん」は大袈裟かもしれませんが、少なくとも弱点になってくるのは間違いない。

森：すでに2024年に入っていて、時間外労働の上限規制は4月から実施されます。企業はすでに準備していなければいけませんね。

佐藤：準備していなければならないのは当たり前の話で、このような競争環境の変化点こそ競合優位性に変動が起きる重要な時期です。各社ともにリソース制限はあるでしょうから、自社にとどまらないデータを駆使したオペレーション最適化がカギになるのではと思います。

森：日本企業の意識改革という意味でも、CLOの存在は大きいものになりそうですね。

佐藤：国家が、法律を作ってサプライチェーンに関して指導を入れることには、大きな意味があります。これまで自然発生的にCLOが生まれることはなかったわけですから、今後出てくるかと考えると、それは残念ながら企業間競争で圧倒的に負けた時など、痛みを伴う結果になってしまいます。今回、国家のほうから「サプライチェーンを徹底的に見なさい」「CLOの役割はこういうことです」と明示することは、ある意味、ウェイクアップコールになるはずです。今、多くの日本の荷主さんの物流に対するイメージは、「作ったから時間通りにデリバリーをよろしく」といったものでしょう。そうではなく、物流は商品の一部であり、経営戦略であり、ESGに耐えるにはデータを取ってマネージしなければならないという考え方まで国からご指導いただくことは、大きな価値があると私は思っています。

森：昔から日本は物流を軽視する傾向にありましたね。

佐藤：少なくともこの30年間、CLOは出てこなかった。つまり、なりゆきに任せていたら、この先30年間も出てこないともいえます。そこで国の指導が入った流れかと思います。他国と比較すると日本は物流を軽視しているのかもしれません。

森：かなり遅れてはいるものの、CLOがまずデータを揃えて、デジタル化を進めなければならない。それがCLOの1つの役割になるのでしょうね。

佐藤：そうだと思います。そこが揃わないと、立ち向かうものが大き過ぎて整頓できないでしょう。「モノがどこにどれだけある」という当たり前の情報を、全部ネットワークでつなげるところからはじめるしかないと思います。

森：話を戻すようですが、そもそも、なぜ日本ではCLOというものが根づかなかった、できなかったのでしょうか。

佐藤：冒頭で申し上げたように、ロジスティクスは戦略的なものだという概念が、体系的に理解されていないからではないでしょうか。「日本はモノ作りの国である」といった、歴史的なものがあるのかもしれません。モノ作りに力をかけ、いい製品を作るのに対して、その価値をお届けする物流の部分は若干軽視されている。それが日本の産業構造にも染みついているように思えます。少し直接的にお話ししますと、社内で開発、生産、

物流、営業と並べると物流部門が比較的軽視されていると思います。また荷主、物流業者間でも力関係でのアンバランスがあります。ところが、今まで申し上げてきた物流の戦略性を考えると、意識改革が必要なのだと思います。その意識改革が起こらなかったために、これまでCLOが誕生しなかった。国民性ではなく、産業体質でしょうか。一方で、「日本は貿易立国」です。EUや北米の巨大な経済圏と違い、海に囲まれていて、貿易に頼らざるを得ない市場環境ということです。貿易は全部物流ですし、輸出入にはより複雑なサプライチェーンマネジメントが必要です。CLOのような社内で地位を持つ方が物流だけではないサプライチェーンマネジメントに取り組まれる体制が必要なのではと切に思います。

森：最後にひと言お願いします。

佐藤：CLOが誕生することで、物流に対するウェイクアップコールが起こると思っています。そして、それは意識革命を起こすための1つのチャンスです。物流への認識が変わるとともに、サプライチェーンマネジメントが企業経営を改善し、ＣＬＯやそこに携わる人のステータスもワンランク上がっていくという好循環が生まれることを期待しています。

森：ありがとうございました。

（２０２４年1月9日インタビュー）

※インタビュー時の佐藤氏の肩書は執行役員ＣＥＯ補佐兼グローバル&アライアンス事業本部長

第5章

物流の諸課題

1

2024年問題と改正物流法

この章では、物流統括管理者として最低限知っておかなければいけない最近のテーマについて、簡潔にまとめてみます。

①2024年問題

「２０２４年問題」とは、物流業界の働き方改革によって発生する諸問題のことです。具体的には、法改正により、トラックドライバーに対する時間外労働の上限規制や割増賃金率の引き上げが適用されることで、様々な問題が発生することを指します。

２０２４年４月１日から、トラックドライバーの時間外労働の上限が年間９６０時間に規制されました。働き方改革では、新たに時間外労働の上限規制が設けられており、大企業は２０１９年４月１日から、中小企業は２０２０年４月１日から施行されていますが、建設事業、医師、自動車運転の業務（トラック、バス、タクシー）については猶予期間が設けられており、２０２４年４月１日から適用がはじまりました。

②２０２４年問題の影響

物流業界だけでなく、バスやタクシー業界でもすでに運転手不足が顕著です。路線バスの減便や路線廃止が毎日のようにニュースで報じられています。さらに時間外労働規制が強化されたことで、ますます労働不足となります。２０２４年、トラックドライバーは14万人が不足しているといわれています。２０２７年には24万人が不足する見込みです。２０２４年には14％の貨物が運べなくなり、２０３０年には34％の貨物が運べなくなるといわれています。

時間外労働の規制により、ドライバーの労働時間が減少します。労働力不足により、「トラックを動かせない」ということが起こります。結果として、モノが運べなくなります。原材料や部品の輸送が滞ることでモノが作れなくなります。私たちの生活必需品が必要な時に手に入らなくなり、社会生活や経済活動が滞ります。

これまで、私たち個人にとってもそうですが、企業経営者も、必要なモノは、必要な時に、必要なところへ、必要な数量が低価格で届くものだと考えていたと思いますが、そういう時代は終わったと認識を新たにする必要があります。物流を確保するには、それ相当の努力とコス

図5－1　物流の 2024 年問題の影響

物流事業者	荷主
▷ドライバーの収入減少 ▷ドライバーの退職 ▷ドライバーの他業界への流出	▷長時間の仕事（運行・荷役・待機）の担い手減少
▷トラック稼働時間の減少 ▷売上（利益）の減少 ▷行政指導のリスク（トラックGメン）	▷運賃の値上げ ▷物流コスト増加 ▷運送会社の立場が強くなる
	▷貨物の性質や輸送条件によってはトラック会社から敬遠される（輸送を断られることも）

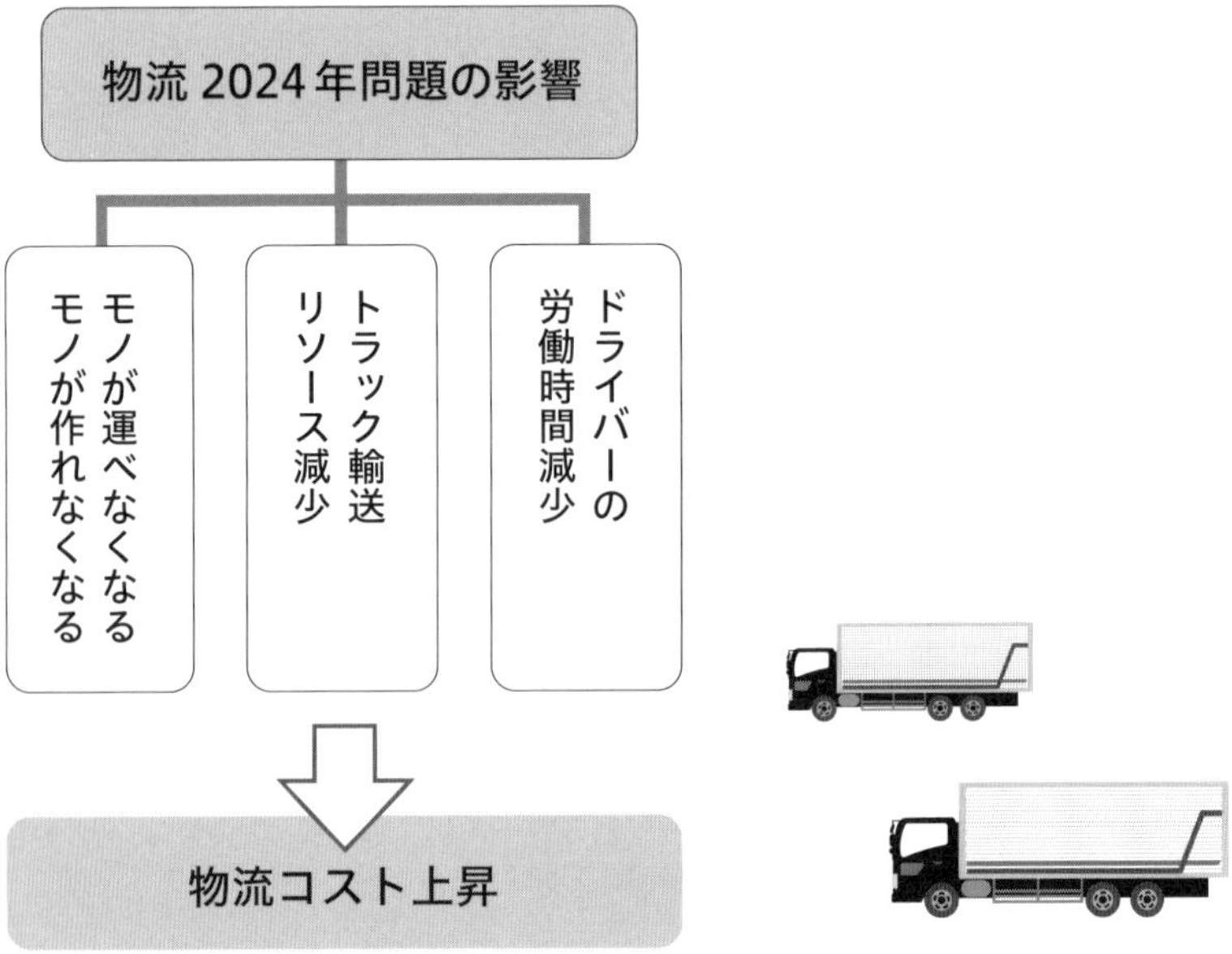

トが必要だと認識しなければなりません。「送料無料」などというのは幻想です。

物流の２０２４年問題の影響は、物流事業者の立場と荷主の立場の両面から見なければなりません。例えば、ドライバーの労働時間が減少することで、ドライバーの収入が減少すると同時に物流企業にとっても収益減となります。一方、荷主にとっては長時間の仕事の担い手が減少するということになります。物流事業者と荷主の関係にも変化が出てくると予測されます。

③改正物流法の中身

２０２４年問題への対策として「物流革新緊急パッケージ」を進めるために、２０２４年４月26日「流通業務の総合化及び効率化の促進に関する法律及び貨物自動車運送事業法の一部を改正する法律案」が２０２４年通常国会において可決・成立しました。

本法は、次の３つから構成されています。①荷主・物流事業者に対する規制措置（流通業務総合効率化法）、②トラック事業者の取引に対する規制措置（貨物自動車運送事業法）、③軽トラック事業者に対する規制措置（貨物自動車運送事業法）。

荷主・物流事業者に対する規制措置の他に、トラック事業における多重下請け構造の是正のための規制措置、そして近年増加している軽トラック運送業における死亡・重傷事故に対する規制措置が注目すべき点です（軽トラックの死亡・重傷事故は最近6年で倍増）。

具体的には、次のことが定められています。

①荷主・物流事業者に対する規制措置

一定以上の事業者を特定事業者に指定し、中長期の計画の作成と定期報告が義務づけられます。また、特定事業者（荷主）には物流統括管理者の選任が義務づけられます。

②トラック事業者の取引に対する規制措置

元請け事業者に対し、実運送体制管理簿の作成を義務づけています。運送契約の締結に際して、書面の交付等も義務づけられます。さらに、一定規模以上の事業者には運送利用管理者を選任することも義務づけられます。

③軽トラック事業者に対する規制措置

すべての軽トラック事業者に管理者の選任と講習受講が義務づけられます。また、国土交通大臣への事故報告も義務となります。

国土交通省は法改正による目標・効果として、施行後3年で荷待ち・荷役時間の年間125時間／人の削減と、積載率向上により輸送能力の16％増加（2019年度比）を見込んでいます。

表５－１「流通業務の総合化及び効率化の促進に関する法律及び貨物自動車運送事業法の一部を改正する法律案」概要

(1)	**荷主・物流事業者に対する規制　【流通業務総合効率化法】** ○荷主・物流事業者に対し、物流効率化のために取り組むべき措置について努力義務を課し、当該措置について国が判断基準を策定。 ○上記取組状況について、国が判断基準に基づき指導・助言、調査・公表を実施。 ○上記事業者のうち、一定規模以上のものを特定事業者として指定し、中長期計画の作成や定期報告等を義務付け、中長期計画に基づく取組の実施状況が不十分の場合、勧告・命令を実施。 ○さらに、特定事業者のうち荷主には物流統括管理者の選任を義務付け。 ※法律の名称を「流通業務の総合化及び効率化の促進に関する法律」から「物資の流通の効率化に関する法律」に変更
(2)	**トラック事業者の取引に対する規制　【貨物自動車運送事業法】** ○元請事業者に対し、実運送事業者の名称等を記載した実運送体制管理簿の作成を義務付け。 ○荷主・トラック事業者・利用運送事業者に対し、運送契約の締結等に際して、提供する役務の内容やその対価（附帯業務料、燃料サーチャージ等を含む。）等について記載した書面による交付等を義務付け。 ○トラック事業者・利用運送事業者に対し、他の事業者の運送の利用（＝下請けに出す行為）の適正化について努力義務を課すとともに、一定規模以上の事業者に対し、当該適正化に関する管理規程の作成、責任者の選任を義務付け。
(3)	**軽トラック事業者に対する規制　【貨物自動車運送事業法】** ○軽トラック事業者に対し、①必要な法令等の知識を担保するための管理者選任と講習受講、②国土交通大臣への事故報告を義務付け。 ○国交省による公表対象に、軽トラック事業者に係る事故報告・安全確保命令に関する情報等を追加。

出所：国土交通省2024年２月13日Press Release

2

物流革新緊急パッケージ

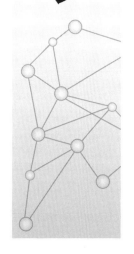

日本の産業界は、物流の停滞が懸念される「２０２４年問題」に直面し、何も対策を講じなければ２０２４年には14％、２０３０年には34％の輸送力不足が見込まれています。

その対策として２０２３年６月に策定されたのが、「物流革新に向けた政策パッケージ」（物流革新緊急パッケージ）です。この政策に継続して取り組むための枠組みが、２０２４年の通常国会で法制化されました。その中身は、**①物流の効率化、②荷主・消費者の行動変容、③商慣習の見直し**の３つの柱からなっています。

このパッケージの具体的施策のなかで、興味深い点を２つ挙げます。

ひとつは、「商慣習の見直し」の項目のなかの「トラックＧメンの設置」です。パッケージでは次のように記載されています。

「『トラックＧメン（仮称）』を設置し、発荷主企業のみならず、着荷主企業も含め、適正な取引を阻害する疑いのある荷主企業・元請事業者の監視を強化する。また、当該Ｇメンによる調査結果を貨物自動車運送事業法（平成元年法律第83号。以下『トラック法』という。）に基づく荷主企業・元請事業者への『働きかけ』『要請』等に活用し、実効性を確保する。加えて、自動車運転者の健康と労働条件を確保するため、自家用自動車により自社の貨物を輸送する事業者についても、労働基準法や改善基準告示の遵守の徹底を図る」

2つ目は、「荷主・消費者の行動変容」における「荷主の経営者層の意識改革・行動変容」です。これが、いわゆる「CLOの設置」です。パッケージには、次のように記載されています。「経営者層の意識改革により荷主企業における全社的な物流改善への取組みを促進するため、荷主企業の役員クラスに物流管理の責任者を配置することを義務づけるなどの規制的措置等の導入に向けて取り組む」

2024年に不足する輸送力の14％への対策として、荷待ち・荷役削減、積載効率向上、モーダルシフト、再配達削減の効果によって、14ポイントの削減を見込んでいます（表5－2）。ちなみに、モーダルシフトでは、鉄道と内航海運の分担率を10年で2倍にする計画です。しかしこの点は、なかなか実現は難しいと思われます。内航海運自身が船員の高齢化と船員不足という大きな問題を抱えているからです。まず、内航海運における抜本的な船員対策が必要です。

表５−２ 「物流革新緊急パッケージ」の具体的な施策

(1) 商慣習の見直し	
①	**荷主・物流事業者間**における物流負荷の軽減（荷待ち、荷役時間の削減等）に向けた規制的措置等の導入
②	**納品期限**（3分の1ルール、短いリードタイム）、**物流コスト込み取引価格等**の見直し
③	物流産業における**多重下請構造**の是正に向けた規制的措置等の導入
④	荷主・元請の監視の強化、結果の公表、継続的なフォロー及びそのための体制強化（トラックＧメン（仮称））
⑤	物流の担い手の賃金水準向上等に向けた**適正運賃収受・価格転嫁**円滑化等の取組み
⑥	トラックの**「標準的な運賃」制度**の拡充・徹底
(2) 物流の効率化	
①	即効性のある**設備投資**の促進（バース予約システム、フォークリフト導入、自動化・機械化等）
②	**「物流 GX」**の推進（鉄道・内航海運の輸送力増強等によるモーダルシフト、車両・船舶・物流施設・港湾等の脱炭素化等）
③	**「物流 DX」**の推進（自動運転、ドローン物流、自動配送ロボット、港湾 AI ターミナル、サイバーポート、フィジカルインターネット等）
④	**「物流標準化」**の推進（パレットやコンテナの規格統一化等）
⑤	道路・港湾等の**物流拠点**（中継輸送含む）に係る機能強化・土地利用最適化や物流ネットワークの形成支援
⑥	高速道路のトラック**速度規制（80km/h）**の引上げ
⑦	労働生産性向上に向けた利用しやすい**高速道路料金**の実現
⑧	**特殊車両通行制度**に関する見直し・利便性向上
⑨	**ダブル連結トラック**の導入促進
⑩	貨物集配中の車両に係る**駐車規制**の見直し
⑪	地域物流等における**共同輸配送**の促進
⑫	**軽トラック事業**の適正運営や輸送の安全確保に向けた荷主・元請事業者等を通じた取組強化
⑬	女性や若者等の**多様な人材**の活用・育成
(3) 荷主・消費者の行動変容	
①	荷主の**経営者層**の意識改革・行動変容を促す規制的措置等の導入
②	荷主・物流事業者の物流改善を**評価・公表**する仕組みの創設
③	**消費者**の意識改革・行動変容を促す取組み
④	**再配達削減**に向けた取組み（**再配達率「半減」**に向けた対策含む）
⑤	物流に係る**広報**の推進

出所：「我が国の物流の革新に関する関係閣僚会議」（令和５年６月２日）資料から

表５－３ 施策の効果（2024年度分）

	施策なし		施策あり	効果
荷待ち・荷役削減	３時間	⇒	２時間×達成率３割	4.5ポイント
積載効率の向上	38%	⇒	50%×達成率２割	6.3ポイント
モーダルシフト	3.5億トン	⇒	3.6億トン	0.5ポイント
再配達削減	12%	⇒	6%	3.0ポイント
				合計 14.3ポイント

出所：「我が国の物流の革新に関する関係閣僚会議」（令和５年６月２日）資料から
注）2030年度分については、中長期計画を策定

3 物流施策大綱

「総合物流施策大綱」とは、日本政府が国の産業競争力の強化や国民の生活を持続的に支えることを目的として、その時々の社会情勢に対応した物流に関する総合的な取り組みを取りまとめたものです。日本の物流の目指す方向性が示されており、１９９７年の最初の策定以降、５年ごとに策定されています。

それまでの省庁ごとの縦割りの弊害をなくし、経済産業省・国土交通省・環境省などの関係省庁が連携して総合的・一体的な物流施策の推進を図っています。

現在の第７次「総合物流施策大綱」（２０２１年度〜２０２５年度）は、「簡素で滑らかな物流」、「担い手にやさしい物流」、「強くてしなやかな物流」を３つの柱として、その実現に向けて物流ＤＸや物流標準化の推進、労働力不足対策と物流構造改革の推進、強靭で持続可能な物流ネットワークの構築などが盛り込まれています。

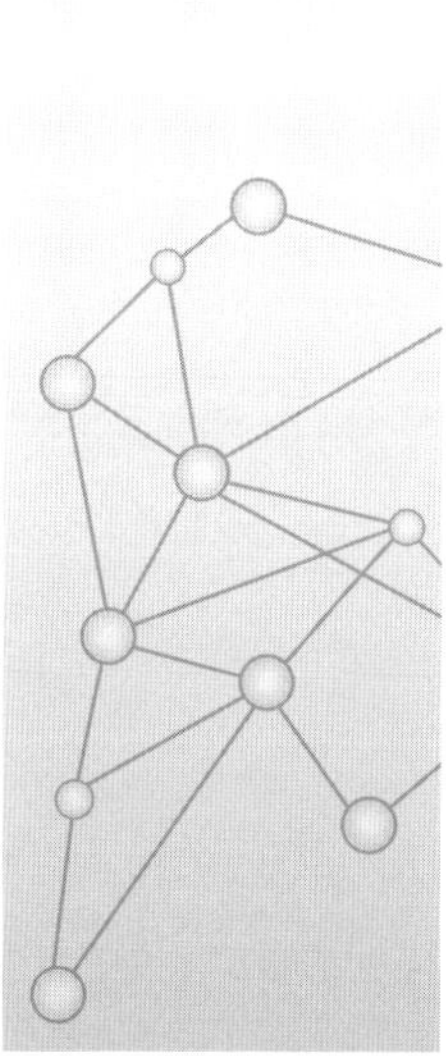

4 働き方改革

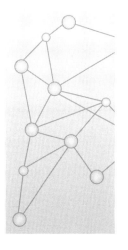

働き方改革とは、日本が直面している「少子高齢化による労働人口の減少」「長時間労働の慢性化」「正規雇用労働者と非正規雇用労働者の賃金格差」「有給取得率の低迷」「育児や介護との両立など、働く人のニーズの多様化（共働きの増加・高齢化による介護の必要性の増加など）」「企業におけるダイバーシティの実現の必要性」などの問題解決のために、政府が進める一連の改革のことです。

その一環として、２０１８年7月6日に「働き方改革関連法」（「働き方改革を推進するための関係法律の整備に関する法律（平成30年法律第71号）」）が公布され、順次施行されています。この法律によって、労働基準法、労働安全衛生法、労働者派遣法など様々な法律が改正されています。

２０２４年問題で取り上げた「時間外労働の上限規制」「月60時間超残業に対する割増賃金

引き上げ」などは、政府の進める「働き方改革」の一環として労働基準法の改正などによるものです。「時間外労働の上限規制」は、大企業では2019年4月1日から施行されており、中小企業は2020年4月1日から施行されています。

ただし、建設事業、自動車運転の業務、医師など一部の事業・業務については、上限規制の適用は2024年3月31日まで5年間猶予されていました。さらに、新技術・新商品などの研究開発業務については、上限規制の適用が除外されます。

「月60時間を超える時間外労働の割増賃金率」について、大企業は50％以上とされていましたが、中小企業についても大企業と同じく、50％以上とする必要があるとされました（2023年4月1日から）。

5 特定技能

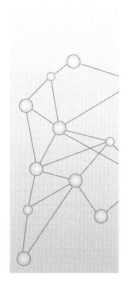

特定技能は、深刻化する人手不足を受けて、労働力が特に不足している特定産業分野において人材を確保することを目的に、２０１９年４月に創設された在留資格です。これに関する制度を「特定技能制度」といいます。

この制度の特徴は、単純労働を含む幅広い業務が可能という点です。また、在留期間の上限は通算5年と定められていますが、在留資格の更新制限が外れる（永住権取得に至る）ルートもあります。

なお、技能実習から特定技能への移行も可能です。特定技能には「1号」と「2号」の2種類があります。「1号」と「2号」には6つの違いがあり、「2号」には家族帯同や在留期間更新の上限なしなどが認められます（「介護」分野を除く）。

特定技能は、これまで12の分野（「介護」「建設」「造船・舶用工業」「ビルクリーニング」「素形材・産業機械・電気電子情報関連製造業」「自動車整備」「航空」「宿泊」「農業」「漁業」「飲食料品製造業」「外食業」）で認められていましたが、２０２４年4月から「自動車運送業」「林業」「木材産業」「鉄道」の４分野が加えられ、16分野に拡大されました。「自動車運送業」が追加されたことでトラック、バスやタクシーなどで外国人が働くことができるようになりました。こうした職種の運転手は第２種運転免許が必要となるため、警察庁は例題を20言語に翻訳し、多言語に対応できる試験を用意しています。

特定技能在留外国人は、期間が最長５年の「１号」が20万８４２５人、「２号」が37人です（２０２３年12月末時点）。

表５－４　特定技能１号と２号の違い

	特定技能１号	特定技能２号
在留期間	４カ月・６カ月・１年毎の更新　(最長５年)	６カ月・１年・３年毎の更新(更新の上限無)
永住権取得	不可	要件を満たせば可
技能水準	相当程度の知識または経験を必要とする技能	熟練技能(技能試験で確認)
外国人支援	支援計画の策定・実施は義務	支援計画の策定・実施は不要
家族帯同	不可	条件を満たせば可
日本語能力試験	有	無

出所：各種報道を基に著者作成

6

モーダルシフト

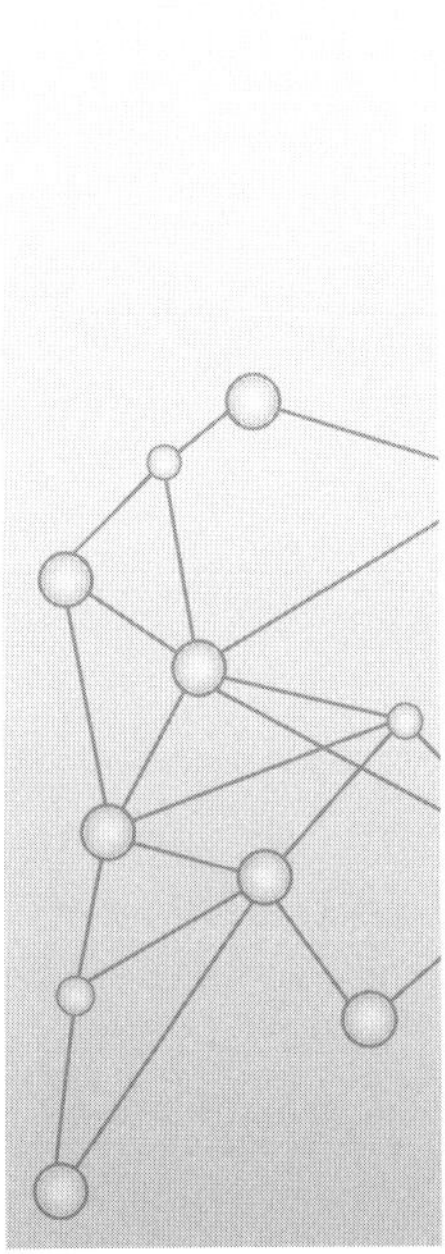

「モーダルシフトとは、幹線貨物輸送をトラックから大量輸送機関である鉄道または内航海運へ転換し、トラックと連携して複合一貫輸送を推進していこうという方向性を示す言葉である」（日本ロジスティクスシステム協会監修『基本ロジスティクス用語辞典』白桃書房）。

つまり、トラックの持つ戸口から戸口（ドア・ツー・ドア）の輸送機能と鉄道・船舶輸送の持つ大量性、低廉性という特性を組み合わせ、ドア・ツー・ドアの輸送を完結し、環境対策として温室効果ガスの削減と同時に輸送の効率化、低廉化を図ろうというものです。

モーダルシフトは、１９８０年代前半までは主に省エネ、１９８０年代後半から１９９０年代初頭までは労働力不足、そして１９９０年代半ば以降は地球環境問題への対応のために推進されてきました。現在は、労働力（トラックドライバー）不足を補う形で進められています。

現在は、物流の２０２４年問題解決の対策のひとつとして期待されています。日本ではモーダルシフトはその目的が社会的、経済的背景に左右され、時代とともに変わっています。

表５－５　日本におけるモーダルシフトへの取り組み

1981年	「モーダルシフト」登場	運輸政策審議会答申
1990年	労働力不足問題に対する答申としてモーダルシフト推進提言	運輸政策審議会物流部会答申
1991年	運輸省（現国土交通省）モーダルシフト推進を表明	
1996年	モーダルシフト化率、43.4%（過去最大）	
1997年	京都議定書採択	気候変動枠組条約第３回締約国会議（地球温暖化防止京都会議、COP3）
1997年	2010年までにモーダルシフト化率[1]を40%から50%に引き上げることを決定	地球温暖化問題への国内対策に関する関係審議会合同会議
2000年	「循環型社会形成基本法」[2]成立	環境省
2001年	2010年までにモーダルシフト化率を50%に引き上げる目標を閣議決定	「新総合物流施策大綱」（2001年７月閣議決定）
2005年	「省エネ法」が改正され、「改正省エネ法」[3]施行	省エネ法（正式名：エネルギーの使用の合理化に関する法律）（1979年制定）
2010年	「モーダルシフト等推進官民協議会」	官民の意見交換の場
2016年	「改正物流総合効率化法案（流通業務の総合化及び効率化の促進に関する法律の一部を改正する法律案）が閣議決定[4]	同年5月2日より施行。国土交通省は、2020年度までに34億キロトン分の貨物を自動車から鉄道・船舶輸送への転換を目指している
2023年	「物流革新緊急パッケージ」作成	鉄道、海運の分担率を10年で２倍にすることを明記
2024年	「物流革新緊急パッケージ」通常国会で法制化	

出所：森隆行編『モーダルシフトと内航海運』海文堂（2020）に一部加筆

1 500km以上の鉄道・船舶による雑貨輸送の比率
2 環境省により、形成すべき「循環型社会」の姿を明確にし、提示した。
3「エネルギーの使用の合理化に関する法律」（省エネ法）は、石油危機に対応したエネルギー需給対策として1979年に制定された法律。2005年に省エネ法が改正され、新たに運輸分野（荷主および輸送事業者）に係わる措置が創設され、改正省エネ法では、すべての荷主に対し省エネ取組が義務づけられた。
4 この法改正の目的は「二以上の者が連携して、流通業務の総合化（輸送、保管、荷さばき、および流通加工を一体的に行うこと）、効率化（輸送の合理化）を図る事業であって、環境負荷の低減および省力化に資するもの（流通業務総合効率化事業）を認定し、認定された事業に対して支援を行う」こと。このためモーダルシフト支援法と呼ばれている。

7

3PL（Third Party Logistics／サードパーティロジスティクス）

①3PLとその定義

3PLに対する、唯一といった定義はありません。わかりやすく、かつ代表的な定義として国土交通省「総合物流施策大綱（平成9年）」によるもの紹介します。「荷主に対して物流改革を提案し、包括して物流業務を受託する業務」というものです。ここで、キーワードは、「提案」（物流会社による荷主への提案）と「包括」（物流機能のうち2つ以上を受託）の2つです。

具体的にいうと、3PLは、従来のように「輸送」や「保管」といった単一機能をアウトソーシング（外注）するのではなく、**輸送・保管・包装・荷役・流通加工・在庫管理といった物流機能の少なくとも2つ以上（包括的）、さらには物流システムやコンサルティングまで含めた物流機能全般をアウトソーシングすること**です。

包括的といっても企業ごと、契約ごとにその内容は異なります。そこでひとつの機能ではなく、２つ以上の機能であることがポイントです。なぜなら、輸送や保管などの物流機能のひとつのアウトソースは従来から行われているからです。単一機能のアウトソーシングと３ＰＬの違いがこの点にあります。

３ＰＬは米国で１９７７年の運輸分野の規制緩和を背景に誕生し、１９９０年代に普及していきました。欧州の３ＰＬ拡大も米国と同様に、ＥＵ統合による規制緩和と競争激化が背景にあります。共通するのは、規制緩和と競争激化のなかで生き残りのために物流事業者から新たな物流サービスとして普及・拡大していったことです。

日本では、１９９０年代のバブル崩壊による企業業績の悪化を背景に、荷主企業の要請に応える形で徐々に広がっていきました。つまり、欧米が物流企業からの動きだったのに対し、日本は荷主企業主体といえるでしょう。

バブル崩壊による景気の悪化を背景に、企業間の競争が激化するなかで、限られた経営資源をコア分野に集中し、かつ物流を含めた顧客サービスの面でライバル企業に差をつけ、競争に生き残るための戦略といえます。

また、ＩＴ技術の発達は、ますます高度化する顧客の要望に応えることを可能にする一方で、複雑化、高度化する物流を自社の要員で賄うことは難しいという事情もありました。

②3PLの業務範囲

3PLの業務範囲は、物流機能に限らず広範囲におよびます。その範囲は「生産から消費」から、さらに「調達・返品業務」や「リサイクル」まで拡大しています。3PLが、戦略的物流アウトソーシングの受け皿として機能している面もあります。

3PL事業者が受託する業務の大きな分類を次に挙げておきます。

①需要予測
②調達
③物流拠点
④輸配送(トラック・鉄道・海運・航空輸送)
⑤リサイクル
⑥情報
⑦物流管理
⑧コンサルティング

これらすべてをアウトソース/受託するわけではなく、荷主の考え方や3PL事業者側の能力などにより一部の契約となるケースもあり、個々の契約によって業務と範囲は異なります。

③３ＰＬのメリットとデメリット

３ＰＬ事業のメリット・デメリットは、サービスを提供する立場の物流事業者と、サービスを享受する荷主の立場の両方から捉える必要があります。

荷主の立場からは、**本業に資源を集中できる**ことがメリットとして挙げられます。物流は急速に高度化・複雑化しています。それに対応できる物流人材を養成することは、時間と費用の面からますます難しくなっています。コスト削減効果や、物流費用を固定費から変動費に変えることができるなどのメリットもあります。反面、内部に物流の専門化がいなくなることで、物流がブラックボックス化して、**コントロールできる人材がいなくなる**ことも考えられます。また、**情報の漏洩リスク**などのデメリットも存在します。

物流事業者にとってのメリットは、**事業の多角化効果**が挙げられます。より高度なサービスを提供することで、**新規顧客の獲得ツールとして有効**です。３ＰＬは基本的に長期契約になるため、**経営の安定化を図れる**こともメリットです。デメリットは、**ソフト・ハード面での先行投資が必要**なこと。そして契約不履行の場合、**投資が回収できないリスク**を抱えることになります。高度な物流サービスを提案するために**優秀な人材の確保が必要**であるといったリスク要因もあります。このため、中小物流事業者が単独で３ＰＬ事業に参入するのは難しいといえます。

表5-6　3PL事業のメリット・デメリット

	荷主	物流業者
メリット	①本業への経営資源として（ヒト・モノ・カネ）の集中	①事業の多角化 物流業務の専門性の向上
	② Total 物流コストの削減	②荷主とのより強固な信頼関係の構築
	③固定費の変動費化	③新規荷主開拓が図れる
	④物流業務のスピード化 →顧客サービスの向上	④ 3PLをツールとした、物流業務におけるハード・ソフト・ノウハウの蓄積
	⑤物流コストの明確化	⑤契約による経営の安定が図れる
	⑥物流拠点の柔軟性	
デメリット	①物流業務のBlack Box化	①先行投資が必要
	②社内に物流技術が残らない →物流専門家がいなくなる →専門性の喪失	（受注までに時間と費用がかかる）
		②多くの専門スタッフを抱える必要性
		③契約不履行の恐れがある
	③物流情報の漏洩の恐れ	④契約が長期にわたる
	④物流コントロールができない恐れ	⑤投資回収ができないリスクがある
		⑥無理な要求（改善・コスト削減）の恐れ

著書作成

④３ＰＬ事業と３ＰＬ事業者に必要な能力

①アセット型とノンアセット型の２つの３ＰＬ

３ＰＬ事業者には、自らトラックや倉庫などの物流資産を保有する事業者と、物流資産を一切保有しない事業者があります。前者をアセット型、後者をノンアセット型といいます。

ノンアセット型の事業者は、実際の輸送や保管には倉庫業者や輸送業者を下請けとして使うことで、３ＰＬサービスを提供します。アクセンチュアなどはその代表例であり、こうしたコンサルティング会社の３ＰＬ事業への進出が目立っています。

一方、アセット型でもトラック業界や倉庫業界はいうにおよばず、海運会社や、近年はＵＰＳやドイツポスト（ＤＨＬ）等のインテグレータも３ＰＬ事業へ進出しています。

アセット型３ＰＬの場合、必ずしもすべて自らの保有する資産でサービスを提供できるわけではありません。また、自らの資産を持っていても、他のサービスを使うこともあります。３ＰＬは荷主の立場に立った事業であるため、あくまで荷主優先です。

コンテナ輸送を行う海運企業も、３ＰＬ事業に取り組んでいますが、本来コンテナ輸送はコモンキャリアとして不特定多数が顧客です。一方、３ＰＬは、特定の顧客のための特別のサービスです。したがって、両立は困難です。そこで、物流部門は別法人で事業を行うのが一般的です。

②３ＰＬ事業者に必要な能力

３ＰＬは、ひと言でいえば包括的アウトソーシングです。物流事業者の立場からは、物流業務の一括請負であり、荷主の物流業務全般を代行します。その業務範囲は、物流におけるシステム設計からコストコントロールまで含まれます。

こうした業務を実行するには、従来の下請け的な日常業務を遂行するだけでは不十分です。高度な物流知識に加えて、荷主や商品のことを知っていることも重要です。そして、物流効率化、コスト削減、最終的には物流業務を通じて顧客満足を実現するため企画・提案をし、それを実行する能力がなければ３ＰＬ事業者とはなり得ません。

まとめると、３ＰＬ事業者には表５−７のような能力が求められます。そのため、何より優秀な人材が必要です。３ＰＬ事業を標榜する物流業者は多くありますが、十分な人材を擁し、企業として３ＰＬに必要な能力を持つところはまだまだ限られるようです。高度で専門的な物流知識を身につけた人材の教育・供給体制も十分ではありません。

物流をアウトソースする立場の荷主（ＣＬＯ）は、３ＰＬ事業者を選択する際には、その事業者が３ＰＬ事業者としての能力を有しているかどうかを見極める必要があるわけです。

表５－７　３PL事業者に求められる能力

①	高度な物流専門知識と高いサービス能力
②	荷主ニーズの理解と高度な提案能力
③	情報システム（IT）能力
④	フルサービス能力（国際複合一貫輸送など）
⑤	分析・コンサルティング能力

8 共同物流

国土交通省は、「共同物流等の促進に向けた研究会」提言（令和元年6月）のなかで、「人手不足の深刻化により物流効率化が求められ、企業間連携の機運が高まりつつある。また、頻発する災害や地球環境問題への対応に加え、東京２０２０大会も控える現在、我が国の経済成長と国民生活を支える物流がその機能を持続的に発揮するためには、企業の垣根を越えた連携により物流を効率化し、生産性向上につなげることがますます重要」と述べています。

さらに「共同輸配送などのヨコの連携にとどまらず、サプライチェーン上の各関係者が同じゴールを目指して連携する取組を広義の『共同物流』と位置づけ、幹線物流・地域内物流ともにその取組を推進していくべき」として、物流における今後の企業連携として、次の４つを挙げています。

①ヨコの連携、②タテの連携、③モードの多様化等幹線輸送の改善、④地域における持続可能な物流の確保。

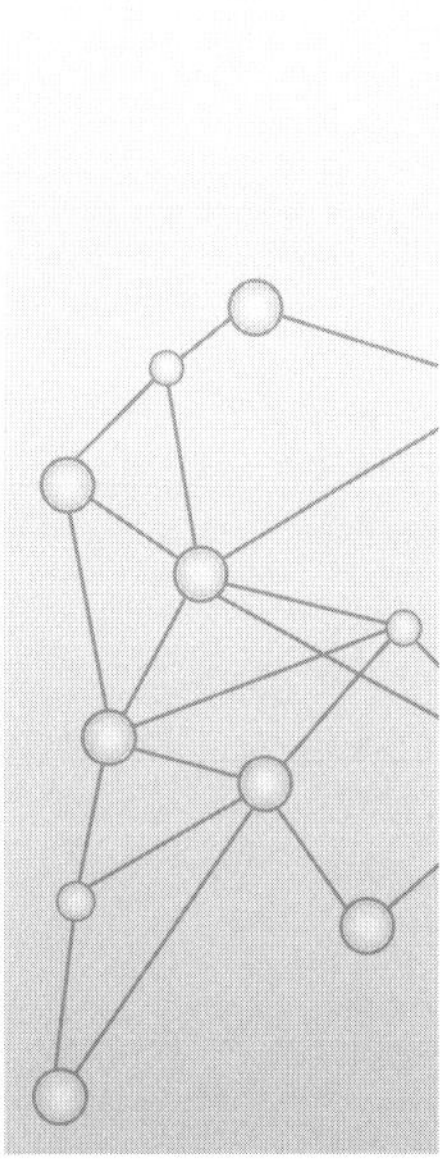

「ヨコの連携」は、ビール業界における共同輸配送（大手2社による北陸方面への共同モーダルシフト）や、加工食品業界におけるメーカー6社の幹線共同輸送および共同配送など、同業他社間での輸配送や保管の共同化がこれにあたります。

一方、「タテの連携」は、大手外食チェーンにおける店舗への納品について、1日の納品時間帯を平準化したり、最も効率的な配送ルートとなるように納品時間を設定したりするなどが例として挙げられます。

こうしたタテ・ヨコの連携を、オープンな形で実行し、業種の垣根を越えた究極の共同物流を目指すのがフィジカルインターネットです。

共同物流は、物流効率化の有効な手段です。物流は、もはや個別企業がそのリソース（資産）を所有するのではなく、共同利用（シェア）する時代です。その意味で、究極の共同物流の実現を目指すフィジカルインターネットに注目が集まっているのです。

表5－8　物流における4つの連携

連携の種類	内容
(1) ヨコの連携	積載率の向上や倉庫・車両の稼働率向上だけではなく、モーダルシフト、中継輸送、物流拠点の増設、物量の平準化等のためにも、異業種も含めた複数の荷主や物流事業者による輸配送・保管等の共同化は有効。
(2) タテの連携	長時間の荷待ち時間の削減等のため、翌日配送の見直しなどのリードタイムの延長、検品の簡素化・廃止、物量の平準化など、発着荷主や物流事業者が連携してサプライチェーン全体でムダを減らすことが必要。
(3) モードの多様化等幹線輸送の改善	幹線輸送の共同化、BCPの観点も踏まえたモードの多様化、トラック輸送の効率化等による長距離輸送の改善が急務。
(4) 地域における持続可能な物流の確保	輸送密度が低いエリアにおける荷主や物流事業者の連携のほか、旅客輸送や買い物サービス等他分野との連携も必要。

出所：「共同物流等の促進に向けた研究会」提言（令和元年6月）

9 物流と脱炭素化

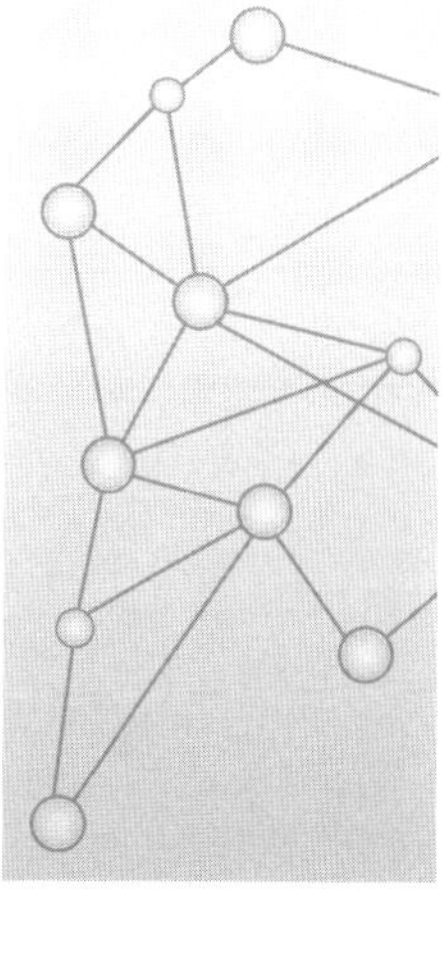

①脱炭素化の動向

２０１５年にパリで開催されたＣＯＰ[1]21では、京都議定書にかわる２０２０年以降の新たな枠組みが作られました。この枠組みはパリ協定（Paris Agreement）と呼ばれ、世界共通の長期目標として「２℃目標」の設定、１・５℃に抑える努力を追求することなどが盛り込まれました。２０５０年にはゼロエミッションの達成を目指しています。

欧州ではパリ協定を機に脱炭素へ動き出しましたが、まだ日本の産業界は省炭素の域を出ていませんでした。日本が省炭素から脱炭素へ大きく舵を切ったのは、２０２０年10月、菅首相（当時）によるカーボンニュートラル（脱炭素）宣言です。国際社会に対して、それまでの日本の目標を大きく上回る「２０３０年度に温室効果ガスを２０１３年比46％削減」を宣言しまし

1　ＣＯＰは、「締約国会議（Conference of the Parties）」の略で、「国連気候変動枠組条約」（UNFCCC）の加盟国が、本条約に基づき地球温暖化を防ぐための枠組みを議論するために１９９５年以降、毎年開催されている国際会議。

た。2020年12月にはグリーン成長戦略策定（2021年6月改定）、2021年3月には地球温暖化対策推進本部を設置するなど、矢継ぎ早に行動に移しました。

これまで、脱炭素化への取り組みは先進国が中心でしたが、最近はASEAN諸国[2]でもゼロエミッションを宣言する国が出ており、開発途上国にも脱炭素の動きが広がっています。このように脱炭素化への動きは、先進国だけでなく開発途上国も参加する大きな潮流となっており、その流れを変えることはできないでしょう。

もうひとつの現象は、アマゾンやアップル、ユニリーバ等のグローバル企業を中心に、国連や各国政府の掲げる「2050年カーボンゼロ」の達成目標を前倒しする目標を打ち出していることです。

②物流分野における脱炭素化への取り組みの必要性

次に、物流分野を中心に脱炭素化への取り組みの必要性について考察します。

カーボンニュートラルに積極的に取り組むことは、政府・消費者・取引先企業・投資家などのカーボンニュートラルへの要請に応えることとなり、競争優位を高め、利益、市場シェアの拡大が見込めます。

反対に、カーボンニュートラルへの要請に応えることができなければ競争優位を維持できなくなり、シェアの縮小だけでなく、市場からの撤退を余儀なくされる可能性も否定できません。カーボンニュートラルは世界の潮流になっており、その流れに逆らうことはできません。

企業は、消費者・顧客と投資家・金融機関の両方から環境対応・カーボンニュートラルを求められています。温室効果ガス（ＧＨＧ）排出の対象領域は、スコープ1～3の3段階に分けて考えられています。スコープ1は、自社の工場やオフィスから排出されるＧＨＧが対象で、スコープ2は、電力などのエネルギー調達において排出されるＧＨＧが対象です。スコープ3は、サプライチェーン全体で排出されるＧＨＧが対象です。

今日の企業経営は、サプライチェーンが前提となっていて、ＧＨＧの削減においても企業はサプライチェーン全体を視野に入れています。スコープ3の実現ということです。つまり、中小企業といえども大手企業と取引のある企業、いい換えれば**大手企業のサプライチェーンに組み込まれている企業は、カーボンニュートラルに取り組まなければ生き残れない**ことを意味します。その意味で、すでに環境問題でも政治問題でもなく、経済・経営問題なのです。その取り組みは加速を強いられています。もし、あなたの会社がアップルやアマゾン、あるいはユニリーバと取引があるとすれば、2050年のカーボンニュートラルを目指していては遅いのです。彼らは国連の目標を前倒しして、2040年にゼロエミッションの実現を掲げています。企業が生き残るためには、カーボンニュートラルへの取り組みは絶対条件といえるでしょう。

2　マレーシア、タイ、ベトナムが2050年までにカーボンニュートラル達成を宣言した。

表5－9　脱炭素化への取り組みのリスクとチャンス

リスク	◇政府・消費者・取引先企業・投資家などのカーボンニュートラルへの要請に応えられなければ、これまでの商品・サービスの提供ができなくなる。 ◇カーボンニュートラルにおける顧客への付加価値や効率性において競争優位が保てなければ市場シェアを失う恐れがある。
チャンス	◇政府・消費者・取引先企業・投資家などのカーボンニュートラルへの要請に応え、競争優位を高めることで利益、市場シェアの拡大が見込める。 ◇カーボンニュートラルを促進する新しい製品・サービス・技術・ビジネスモデルを作ることができれば、市場シェアを高めるだけでなく、新しい領域への進出も可能となる。

③ＧＨＧ排出量算出とＩＳＯ１４０８３

脱炭素化への取り組みと同時に、自らの経済活動におけるＧＨＧ排出量を計算することが求められます。店頭に並ぶ商品のラベルに、その商品が消費者にわたるまでに排出したＧＨＧの数値が表示される日も、遠い未来ではありません。若者を中心に、消費者の意識・価値観が変わっています。値段より、「この商品は環境にやさしいから」などが購買決定の優先事項になりつつあります。

そうした消費者意識の変化をマーケティングに取り込む形で、ＧＨＧ排出量を記載する商品が出てくると思います。そのためには、原材料・部品の調達から消費者に届くまでの各部門におけるＧＨＧ排出量を計算しなければなりません。当然、サプライヤーや物流業者には、数値の報告が求められます。そのために、自社の領域内のＧＨＧ排出量の計算ができる体制を整える必要があります。

ＣＬＯの立場に立てば、サプライチェーンにおける自社内での計算に加え、サプライヤーや物流事業者に対して数値の提出を求めることになります。それもただ単に提出を求めるだけでは十分ではありません。どのように計算するか、その方法が間違っていたら意味を成しません。サプライチェーンを構成するすべての企業が同じ方法で算出する必要があります。

そこで、物流分野におけるGHG排出量の計算方法における国際標準についてお話しします。２０２３年３月、「温室効果ガス─輸送チェーンの運用から生じる温室効果ガス排出量の定量化と報告」“Greenhouse gases - Quantification and reporting of greenhouse gas emissions arising from transport chain operations”に関する国際規格である「ＩＳＯ１４０８３」が発行しました。この規格は、物流分野のＧＨＧ排出量の算定に特化したはじめての国際基準であり、あらゆる輸送モードの特徴をふまえた算定方法を規定しています。

算定対象範囲を具体的に定義しており、原則だけではなく、算定の手順を細かく規定していることが特徴です。つまりこの規格は、旅客と貨物の輸送チェーンの業務から生じる温室効果ガス（ＧＨＧ）排出量の定量化と報告のための共通の方法論を確立したものです。

その特徴として、以下の４点が挙げられます。①物流分野のＧＨＧ排出量算定に特化したはじめての国際基準、②あらゆる輸送モードの特徴をふまえた算定方法を規定、③算定対象範囲を具体的に定義、④原則だけではなく、算定の手順を細かく規定。

ＩＳＯ１４０８３を利用する意義について見てみます。まず、物流分野におけるＧＨＧ排出量算定の国際基準であり、その算定方法が明確であり、物流サービスの利用者である荷主にとって安心して利用できることが挙げられます。一方、物流サービスを提供する物流事業者にとっても、荷主に対してＧＨＧ排出量の算出方法や根拠を都度説明する必要がありません。ＩＳＯ１４０８３認証を取得していることを示すだけで十分です。また本規格は、按分に重きを置いていることが、小口輸送や混載貨物が増加する現在のニーズに合っています。按分方法が規定されていることで、荷主ごと・包装1個ごとの排出量の計算・報告が容易です。工程ごと（ＴＣＥ[3]）に計算することで、実際の作業と削減努力が可視化できるなどの意義があります。

これまで曖昧であった、ＧＨＧの算出方法や手順が統一化されることで、荷主は多くの関係者から同じ基準による明確な数値を入手できることになります。このことは、物流事業者にとってもＧＨＧ数値が簡潔・明確に荷主に提供できることを意味します。さらに按分を前提とした算出方法により、物流事業者は旅客混載や小口混載貨物においてもコンテナ単位でなく、荷主ごと、貨物ごとの数値を荷主に提供できます。また、荷主は製品ごとに環境負荷を算定することが可能になります。

ＩＳＯ１４０８３は、欧州の業界標準であるGLEC Framework（２０１９）〝Global Logistics Emissions Council Framework for Logistics Emissions Accounting and Reporting〟が基になっています。欧州企業の多くは、ＧＬＥＣに準拠したＧＨＧ算出を行っており、ＩＳＯ１４０８３への移行は容易です。その意味から、単に計算・報告を準ずるだけでなく、ＩＳＯ１４０８３の認証を取る動きが出てくると考えられます。ＩＳＯ９０００シリーズのように急速に認証取得の動きが出てくる可能性もあると思われます。急速に普及することが見込まれるので、ＩＳＯ１４０８３への対応を急ぐことをお勧めします。

10

ＩＳＯと物流に関連する国際標準化の動向

①国際標準化と競争力

スポーツだけでなく、経済・社会のあらゆる分野において、ルールはそれを作った者に有利であることは間違いありません。ルールとは、いい換えれば標準化・規格化です。「標準化競争を制したものが市場を制する」といっても過言ではないでしょう。

国際標準である国際規格は国際標準化機構（International Organization for Standardization：ＩＳＯ）によって制定されています。歴史的に、ＩＳＯを主導してきたのは欧州です。日本は、国際規格であるＩＳＯ規格との整合性を図るために多くの努力を払わなければなりませんでした。一方で、製造業においては、標準化をうまく取り込むことで成長してきた面も否定できません。

近年、中国が国家戦略として国際標準化に力を入れており、ＩＳＯでの中国の台頭が目立っています。経済産業省によると、２０１４年から２０２０年までの新規ＴＣ（技術委員会）提案件数を見ると、中国は16件と、２位のフランスの6件を大きく上回っており、全体の4分の1以上を占めています。一方、日本の提案は、シェアリングエコノミーなど2件です。

ＩＳＯなどの国際的枠組みのなかでの国際標準化競争が激化しています。

また、国際標準化の内容が「モノ・技術」から「サービス・システム」へ変化しています。従来、標準化は製品、つまり「モノの規格」が中心でしたが、その対象はサービスから社会システムの標準化へと変化しています。

日本は、工業とその製品に関しては標準化を活用することで効率的な生産体制を確立し、世界の市場を席巻してきました。しかし今日、すべての産業がサービス化するといわれるように、産業、社会が変化しています。日本は、サービス分野の生産性がとりわけ低く、同時にこの分野におけるＩＳＯへの関与も低いのが現状です。サービス分野での国際標準化についても、欧州が先行しています。

サービス分野の生産性を上げるためには、国際標準化への取り組み、具体的にはＩＳＯの規格化に積極的に関与することです。サービス分野における「国際ルール作り」に取り組むことが、日本の産業・社会の生産性を向上させ、国際競争力を強化することにつながるのです。

図５－２ 国際標準化の変遷

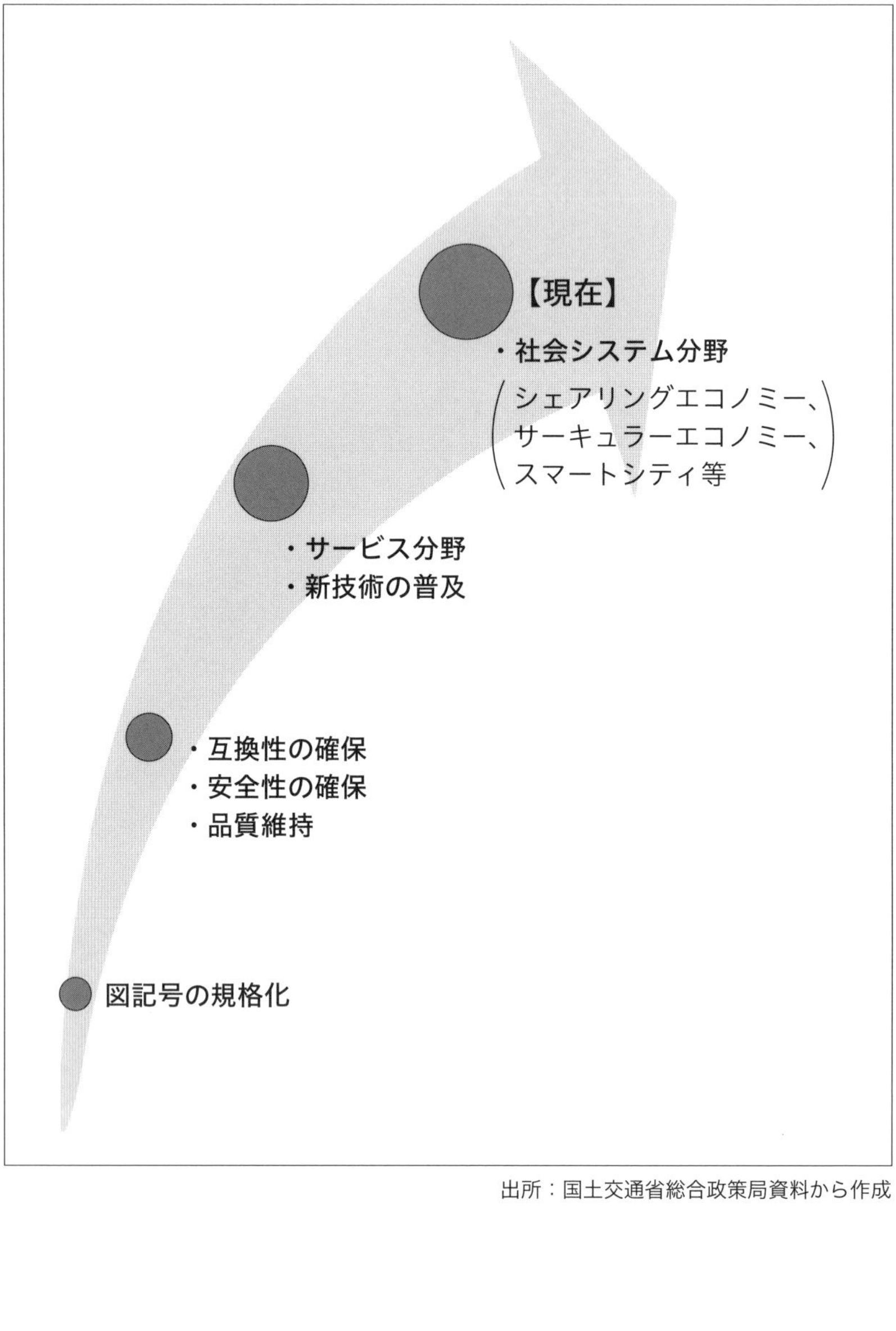

出所：国土交通省総合政策局資料から作成

②「国際ルール作り」への参加

あらゆる市場が国際化するなかで、日本企業も国際市場での競争を強いられています。自国のサービスやシステムを国際標準にすることができれば、その国の企業にとって非常に有利に働くことは間違いありません。自国の企業が海外市場で競争するうえでは、国際標準化の主導権をとることが重要です。

しかし、日本企業の国際標準への対応は、「できた規格の認証は取得する」という対応にとどまっているケースがほとんどではないでしょうか。規格作りに参画しようという企業は非常に少ないというのが現状のようです。

ヴェオリア・ジャパン会長の町田由美子氏は、次のように述べています。

「日本の企業人に依然残るのは、お上や国際社会が作ったルールを受動的に『守る』意識だ。経済のパラダイム（規範）が大きく変わる時代、ルールはセクターを超えた協働によって能動的に『作る』ものだ」（日経新聞2023年8月18日）。

もうひとつ、懸念する材料を提供します。欧州は環境問題への意識が非常に高く、欧州諸国の人口1人あたりの包装廃棄物排出量の増加が問題になっています。そうした背景から、欧州では包装と包装廃棄物の削減と再利用を促す規制を強化しています。2022年12月には規制案が発表されました。２０２５年の採択が見込まれており、採択されると、２０２６年から運用が開始されます。この規制案では、モノの輸送で使われる容器の再利用率の目標を、２０３０年に30％、２０４０年には90％としています。

ここにおいて、段ボールは再利用容器としてカウントされていません。もし、この規制案が可決され、さらにＩＳＯによる国際標準となった場合、日本の事業者にとって大問題ではないでしょうか。段ボールに対する認識が、欧州と日本ではまったく異なるからです。欧州では段ボールは使い捨てのもので、環境にはよくない存在ですが、日本では高度な技術によって段ボールは再利用される、環境にやさしい素材なのです。

国際社会・国際会議の場で日本の立場をしっかり主張しなければならないのです。

③日本の国際標準化への取り組み例

国際標準化に対する日本の取り組みは、マイナス面ばかりではありません。次に、積極的に取り組んでいる例を挙げてみます。

①コールドチェーン物流の国際標準化への取り組み

２０１８年に日本の提案により、ＩＳＯ内に設置されたプロジェクト委員会（ＰＣ３１５）

（議長：根本敏則 敬愛大学経済学部教授、幹事国：日本）における議論を経て、ＢtoＣを対象とした小口保冷配送サービスの国際規格ＩＳＯ２３４１２が、２０２０年に発行されました。

次に、「ＢtoＢ分野を含むコールドチェーン物流サービス」規格の国際標準化を進め、質の高い日本の物流システムの海外展開を推進するため、２０２１年、日本の提案でＩＳＯ内にコールドチェーン物流に関する技術委員会（ＴＣ３１５）を設置することが決定されました。

ＴＣ３１５は、提案国である日本が幹事国（議長：根本敏則 敬愛大学経済学部教授）となり、第１回のＩＳＯ／ＴＣ３１５国際会議が２０２１年６月２〜４日の３日間、オンライン形式で行われました。日本の他、中国、韓国、英国、フランスなど８ヶ国から48人が参加し、活発な議論がなされました。その後、日本の他にも中国や韓国からも具体的な規格化の提案がなされています。「ＢtoＢ分野を含むコールドチェーン物流サービス」規格は順調に議論が進み、２０２４年11月にはＩＳＯ規格として成立する見込みとなっています。

②ダイキンの欧州での規格作りへの取り組み

日経新聞によるダイキン工業・井上礼之会長のインタビュー記事から紹介します。

ダイキンは、「ヒートポンプ暖房」で欧州の市場を席巻しています。ヒートポンプ暖房は空気中の熱を集めてその熱で温水を作り、循環させることで部屋を温める技術です。少ない電力で多くの熱エネルギーを作り出し、CO_2排出量は従来の燃焼暖房に比べて非常に少ないという環境への負荷の低さから、欧州で急速に普及しました。ヒートポンプ暖房の技術は、2008年に再生可能エネルギーとしてEUに認定されました。欧州の各国政府は、ヒートポンプ暖房の導入に補助金を用意しています。ヒートポンプ暖房の欧州での成功は、EUでのルール作りから参画した結果ということです。インタビューをした日経新聞の岩戸寿記者は次のように結んでいます。「『怖さもある』。井上会長は欧州を中心に温暖化ガスの排出削減といった環境規制などの国際ルールが決まる現状に警鐘を鳴らす。ルールづくりからすでに競争は始まっている。日本企業には今後、不利にならないルール形成に携わる主張力も問われる」（日経新聞2022年9月1日）。

④企業戦略としての標準化

標準化により部品や製品に加えてサービスの調達が容易になり、世界中どこでも安心してサービスを利用することができます。つまり、標準化によって市場が創り出され、拡大します。このことは裏を返せば、**標準化を自社の経営戦略に取り入れることで、市場を獲得・拡大できるチャンスになる**ことを意味します。つまり標準化は、経営戦略の道具としても重要な役割を持っています。

かつての家庭用ビデオテープにおける、ソニーのベータ方式と松下電器（現パナソニック）

のＶＨＳ方式の争いは、標準化の争いでした。製品の性能・質ではなく、標準化によって勝敗が決した例です。「標準化競争を制したものが市場を制す」ことを明らかにしたといえます。

国際競争を有利に戦うには、標準化に積極的に関与することが重要です。国際標準化への積極的関与を企業戦略として位置づけることも必要ではないでしょうか。

11 フィジカルインターネット（PI）

①フィジカルインターネットとその定義

フィジカルインターネットは、トラックや倉庫などの物流施設の共有化による、輸送手段や稼働率の向上、燃料消費量の抑制などにより、持続可能な社会を実現する革新的な物流システムです。フィジカルインターネットは、「シームレスな資産共有とフローの統合を可能にする、相互接続されたグローバルな物流システム」、あるいは「インターネット通信の物流（フィジカル）に考え方を応用した新しい物流の仕組み」等と説明ができます。

米国ジョージア工科大学教授のブノア・モントルイユ、パリ国立高等鉱業学校教授のエリック・バロー、米国アーカンソー大学教授のラッセル・D・メラー[4]は、２０１１年にフィジカルインターネットを次のように定義しています。「相互に結び付いた物流ネットワークを基盤とするグローバルなロジスティクスシステムである。その目指すところは効率性と持続可能性の向上であり、標準化されたモジュラー式コンテナ、物流結節点、プロトコルを通じてリソースの共有と統合を可能にする」。

また、モントルイユ教授はこの定義に改訂を重ね、2012年にフィジカルインターネットの定義として次のように発表しています。

「フィジカルインターネットはオープン型のグローバルロジスティクスシステムである。このシステムは物理的な、デジタルの、および運用上の相互接続性に基づいているものである。ここでの相互接続は輸送容器のカプセル化、インターフェースおよびプロトコルによって実現される」

2000年頃から普及したインターネット通信においては、データの塊をパケットという形で定義し、パケットのやりとりを行うためのプロトコル（交換規約）を定め、回線を共有した不特定多数での通信を実現しました。これと同様のことをフィジカル（＝物流）の世界に適用し、オープンにして不特定多数の事業者の参加を可能にしようというのが「フィジカルインターネット」のコンセプトです。従来の輸送網は発・着の事業者同士をそれぞれ直接結ぶやりとりが基本でした。これに対してフィジカルインターネットでは、積み替えを前提として輸送の途中にハブを設け、受け渡しをする単位（貨物の規格）を統一し、物流リソースを共有化してモノのやりとりをしようというものです。

4　エリック・バロー、ブノア・モントルイユ、ラッセル・D・メラー『フィジカルインターネット』日経BP（2020）

「インターネット」のパケット交換の仕組みを物流に適用して、「フィジカル」なモノの輸送・仕分・保管を変革することから、フィジカルインターネットと呼ばれます。

フィジカルインターネットのポイントは、トラックや倉庫などの共同利用です。いい換えれば、**フィジカルインターネットは共同配送の究極の形**であるといえます。そのためには、輸送単位を共通化・標準化することが必要です。その輸送単位の共通化のための構想が標準輸送容器（モジュールコンテナ）としてのπ（パイ）コンテナです。

②フィジカルインターネットの歴史

２００６年、イギリスの雑誌「The Economist」の表紙に〝Physical Internet〟という言葉がはじめて登場しました。その後、フィジカルインターネットの概念は、前出のブノワ・モントルイユ教授とエリック・バロー教授によって構想されました。

欧州では、２０１３年、ＥＵ委員会の意向によりＡＬＩＣＥ（Alliance for Logistics Innovation through Collaboration in Europe）がＮＰＯ法人として設立され、欧州におけるフィジカルインターネットの普及を推進しています。

日本でも、政府によるフィジカルインターネット実現会議が設置され、２０４０年の実現に向けた「フィジカルインターネット・ロードマップ」が、２０２２年3月に作成されました。

表5－10　フィジカルインターネットの歴史

年	出来事
2006年	“The Economist” の表紙に “Physical Internet” という言葉が登場
2010年	全米科学財団がフィジカルインターネット導入調査
2012年	・フランス大手小売り2社（カジノ・カルフール）がフィジカルインターネット導入効果調査 ・MODULUSHCA、日用消費財（FMCG）における、コンテナ容器の標準規格開発プロジェクト（11ヶ国から、15団体が実施主体として参加）（欧州委員会予算）（2012-2016年）
2013年	EU、ALICE（Alliance for Logistics Innovation through Collaboration in Europe）設立
2014年	・“The Physical Internet”（B・モントルイユ／E・バロー／R・メラー）出版 ・国際フィジカルインターネット会議が開始（毎年開催）
2015年	・米国ジョージア工科大学 “Physical Internet Center” 設立 ・ドイツ／EUGS1 Smart Box 実証実験開始（メーカー7社、小売り5社が参加）
2016年	パリ国立高等鉱業学校に “Physical Internet 研究所” 設立
2017年	・Clusters2.0　“Open network of hyper connected logistics clusters towards Physical Internet”　Project（2017-2020年）（欧州員会予算） ・AEROFLEX Project（Aerodynamic and Flexible Trucks for Next Generation of Long Distance Road Transport）（2017－2021年）（欧州委員会予算）
2020年	・ALICE、フィジカルインターネット・ロードマップ策定（欧州委員会から受託したプロジェクト） ・『The Physical Internet』日本語訳出版（荒木勉訳）日経BP
2021年	・フィジカルインターネットシンポジウム2021開催（主催：ヤマトグループ総合研究所）
2022年	・フィジカルインターネットシンポジウム2022開催（主催：ヤマトグループ総合研究所） ・一般社団法人フィジカルインターネットセンター（JPIC）設立
2023年	・フィジカルインターネットシンポジウム2024（2月2日）開催（主催：JPIC） ・JPICが「CLO協議会」設置（6月13日）

出所：ヤマトグループ総合研究所資料他から作成

2022年には一般社団法人フィジカルインターネットセンター（JPIC）が設立され、フィジカルインターネット実現に向けた活動をしています。

2014年以降、毎年、国際フィジカルインターネット会議（IPIC）が開催されています。2024年5月には第10回会議が米国サバンナで開催されました。日本からも著者がJPIC理事長として参加し、日本のフィジカルインターネットの活動について報告しました。

③フィジカルインターネットの基本3要素

フィジカルインターネットの基本は、オープンであり、誰でもが参加できることです。そのために必要なのが、**①コンテナ**、**②ハブ**、**③プロトコル**の3要素です。

ここでいうコンテナは、海上輸送用のような大型コンテナではなく、通い箱やパレットのような小さな輸送用容器を想像してください。フィジカルインターネット用に開発されたコンテナ（容器）を、「π（パイ）コンテナ」と呼んでいます。また、フィジカルインターネットでは積み替えが基本となっているため、その拠点となる「ハブ」の存在が欠かせません。さらに、誰でもが参加できるためには、物流機能・物流リソースを使い、貨物をやりとりするための運用上の取り決めである共通のプロトコルが必要です。

表５－11　フィジカルインターネットの基本３要素

コンテナ	フィジカルインターネットにおけるコンテナは、海上輸送（40フィート、20フィート）や JR 貨物（31フィート、12フィート）の大型のコンテナではなく、パレットや通い箱のような小さな輸送ユニットである。フィジカルインターネットコンテナ（π コンテナと記載することもある）と呼ばれている。フィジカルインターネットにおいて物流網をオープンで共有するためには、この輸送容器の要素（サイズ、素材、機能等）が正しく定義され、貨物の混載や積み替えの容易性が確保されていることが必要である。
ハブ	コンテナの結節点となる。規格化されたコンテナの使用を前提とし、ハブでは、各種のマテハン機器を用いて効率的な積み替え作業を行うことがポイントである。結節点における積み替え時の品質、コスト、所要時間が、小口混載輸送の場合であっても貸切輸送と変わらないレベルであることが必要である。
プロトコル	物流機能・物流リソースを使い、貨物をやりとりするための運用上の取り決めである。デジタルインターネットにおいては、物理的な規約、データをつなげるための処理に関する規約、それをネットワークとして管理するための規約と、いくつかの層に分類して規約が定められている。

出所：フィジカルインターネット実現会議「フィジカルインターネット・ロードマップ」（2022年３月）を基に著者作成

④フィジカルインターネット研究

フィジカルインターネット研究の拠点は、ジョージア工科大学とパリ国立高等鉱業学校です。両大学には、ブノワ・モントルイユ教授とエリック・バロー教授がそれぞれフィジカルインターネットセンターを設立し、産学共同研究に取り組んでいます。

また、香港大学では、ジョージ・ファン教授がフィジカルインターネット講座を開設しています。この講座には、客員教授としてエリック・バロー教授が毎年招かれています。

日本では、フィジカルインターネットの学術研究はまだこれからです。

フィジカルインターネットの研究は、「概念研究」「評価研究」「ソリューション設計研究」「実証研究」の4段階に分けられます。

①概念研究

フィジカルインターネットのコンセプトを論じたものです。2009年から2012年にかけて、米国ジョージア工科大学のモントルイユ教授がフィジカルインターネットの認知度を高めるために、十数回改訂したフィジカルインターネットマニフェストが最初です。

②評価研究

フィジカルインターネットが導入された場合の経済・環境・社会面での影響を、最適化手法やシミュレーションモデルを用いて評価したもの（＝経済効果推計）です。２０１２年に、エリック・バロー教授らがフランスの大手小売企業2社とその取引先の取引実態に基づいてシミュレーションを行い、フィジカルインターネットの導入効果を推計したのが最初です。

③ソリューション設計研究

ひとつは容器、施設、マテハン機器などフィジカルインターネットを構成する部品の設計であり、もうひとつはビジネスモデルの設計です。経路決定や価格決定のメカニズムが研究テーマとなります。

④実証研究

ケーススタディや実証実験ですが、現時点では研究蓄積は多くありません。

図5-3 フィジカルインターネットの研究段階

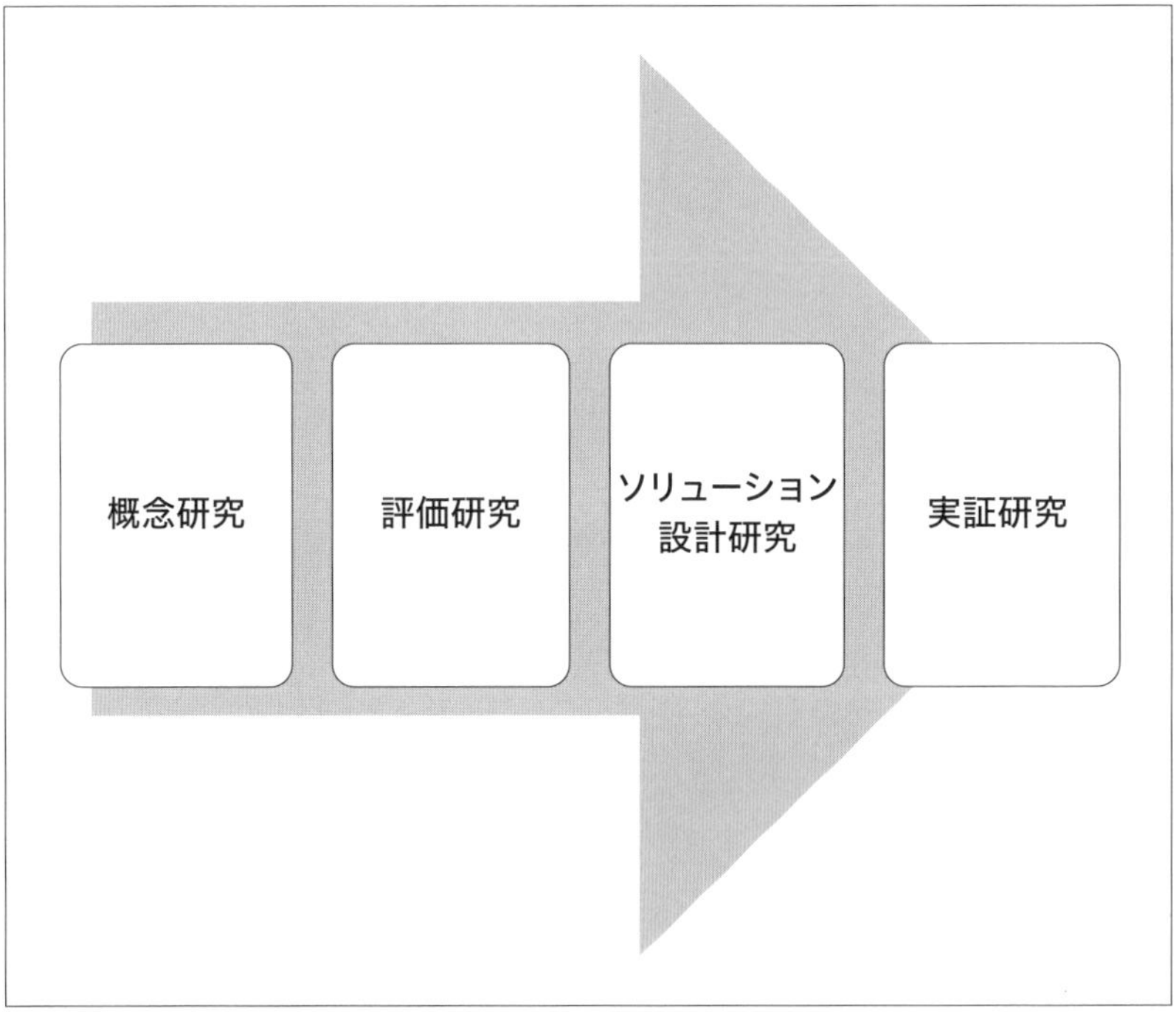

出所：「LOG-BIZ」(2005.06) P.64

⑤日本におけるフィジカルインターネットの取り組み

日本でのフィジカルインターネットの取り組みが具体的な形で現れたのは、２０１９年頃からです。その中心的役割を果たしたのが、ヤマトグループ総合研究所です。同研究所は、２０１９年９月に米国ジョージア工科大学、２０２０年８月にはパリ国立高等鉱業学校とフィジカルインターネットの取り組みに関する覚書（ＭＯＵ）を締結、２０２０年６月には個人の資格で自由に参加できるフィジカルインターネット懇話会を発足させました。

２０２１年１月フィジカルインターネットシンポジウム２０２１（ヤマトグループ総合研究所主催）を開催、２０２１年６月に開催された第８回国際フィジカルインターネット会議〝8th International Physical Internet Conference（「ＩＰＩＣ」）〟では、野村総合研究所とセッションの企画・運営を担当し、日本におけるフィジカルインターネットに関する取り組みを発信するなど、日本におけるフィジカルインターネットの普及に向け、旗振り役を担ってきました。

政府（経済産業省）の動きは、２０２１年以降です。

２０２１年６月の「総合物流施策大綱（２０２１年度～２０２５年度）」にフィジカルインターネットが盛り込まれました。同年６月に「官民物流標準化懇談会」を開始、同年１月には「フィジカルインターネット実現会議」を設置（経済産業省と国土交通省が共同）しました。２０２

2年には「フィジカルインターネット・ロードマップ」を策定しました。
２０１8年から２０２２年までの5年間、「戦略的イノベーション創造プログラム（ＳＩＰ）」第２期を実施。そこでの研究開発「スマート物流サービス」において、「物流情報標準ガイドライン」が策定されました。

２０２２年6月には、一般社団法人フィジカルインターネットセンター（ＪＰＩＣ）が設立されました。また、２０２３年3月、サミット㈱、㈱マルエツ、㈱ヤオコー、㈱ライフコーポレーションの小売り４社によって「首都圏ＳＭ物流研究会」が発足、同年5月に㈱西友と㈱カスミがメンバーに加わり、６社体制になり、さらにいなげや、原信、東急ストア、ナルスが加わり、２０２３年12月時点で10社となりました。

このように流通・小売りに関する議論が多いようで、その結果「フィジカルインターネット＝流通の問題」と捉えられている雰囲気がありますが、フィジカルインターネットは間違いなく、「物流」分野全体の問題です。

２０２３年、政府は「２０２４年問題」対策として「物流改革緊急パッケージ」を発表しました。このなかで、一定規模以上の荷主企業に「物流統括管理者」（Chief Logistics Officer：ＣＬＯ）の設置を義務づけることを明記し、２０２４年通常国会において法制化されました。
これを受けてＪＰＩＣでは、経済産業省と国土交通省のバックアップのもと、２０２４年6

月、ＣＬＯの啓発・交流のために「ＣＬＯ協議会」を設置しました。ＪＰＩＣは、ＳＩＰやフィジカルインターネット実現会議を引き継ぐと同時に、物流の２０２４年問題の解決に貢献することを期待される存在となっています。

日本のフィジカルインターネットへの取り組みは、官主導ではじまりましたが、２０２３年を境に、その牽引役が官から民へ移行しました。その牽引役がＪＰＩＣです。

表5－12　日本のフィジカルインターネットの歴史

	2019	2020	2021	2022	2023	2024
活動主体	→ ヤマトグループ総合研究所PI普及活動					
				→ フィジカルインターネットセンター活動		
PIシンポジウム	①	②	③	④	⑤	⑥
フィジカルインターネットセンター（JPIC）					CLO協議会設立	
出版		PI翻訳本出版		PI実現に向けて出版		
政府（経済産業省）			「総合物流施策大綱（2021年度〜2025年度）にPIを盛り込んだ			
経済産業省・国土交通省フィジカルインターネット実現会議				ロードマップ作成（2040年に実現）		

表５－13 日本のフィジカルインターネット関連の主な出来事

年	主な出来事
2021年	・「フィジカルインターネット実現会議」設置（経産省・国交省共同） ・「官民物流標準懇談会」設置（主としてパレットの標準化）
2022年	・「フィジカルインターネット・ロードマップ」策定（2040年実現目指す） ・2018～2022年「戦略的イノベーション創造プログラム」（SIP）第２期 〝物流情報標準ガイドライン〟策定 ・一般社団法人フィジカルインターネットセンター（JPIC）」設立
2023年	・「首都圏SM物流研究会」設立（小売り４社） ・政府「物流革新緊急パッケージ」発表（CLO設置を盛り込む）
2024年	・一般社団法人フィジカルインターネットセンターが、「CLO協議会」を設置 ・「物流関連２法」改正案が成立

⑥フィジカルインターネットの効果

フィジカルインターネットの実現過程において、経済効果はもちろんですが、温室効果ガス（ＧＨＧ）排出量の削減、食品ロスの低下など、様々な効果が期待されます。

経済効果については、フィジカルインターネット実現会議が試算しています。それによると、フィジカルインターネット形成過程の２０３０年において、７・５～10・２兆円、フィジカルインターネット完成の２０４０年には、11・９～17・８兆円の経済効果が期待できるとしています。

さらに、現時点では予測できないイノベーションやフィジカルインターネットシステムを海外に輸出することなどにより、経済効果が上乗せされると見込まれます。また、食品業界にフィジカルインターネットが導入された場合として、２０３０年の食品ロスが、２０００年比で半減されると予測しています。ＧＨＧ排出量も大幅に削減されるなど、ＳＤＧｓの実現にも大きく貢献すると期待されています。

表５－14 フィジカルインターネットの効果

	効果の種類	内　容
フィジカルインターネット実現による効果	経済	2030年 7.5 ～ 10.2 兆円、 2040年 11.9 ～ 17.8 兆円
	食品ロス	2030年に 2000年比食品ロス半減
	温室効果ガス	大幅減少
	その他	予測できないイノベーション、フィジカルインターネットシステムの海外輸出による効果など、現時点で予測できないが、さらなる経済効果が期待できる。 その他、SDGs17の目標のうち８つの目標（保健、エネルギー、成長・雇用、イノベーション、不平等、都市、生産・消費、気候変動）の達成に寄与する。

出所：「フィジカルインターネット実現会議」（フィジカルインターネット・ロードマップ）を基に作成

株式会社ローランド・ベルガー パートナー

小野塚 征志 氏

森：これからCLO協議会を作るにあたって、荷主や物流会社にとってのニーズがどんなものなのかを、様々な方に聞いています。CLOは、経産省の日本語訳だと「物流統括管理者」ですね。だから物流に限定した役職だと誤解している方が多いようです。しかし、「チーフ・ロジスティクス・オフィサー」ですから、サプライチェーン全体を統括する立場であるはずです。

小野塚：まさに、CLOはチーフ・サプライチェーン・オフィサー「CSCO」でなければならないと私も思います。実際、海外だとCLOという肩書きの会社ももちろんありますが、CSCOという肩書である場合も少なくありません。実態としては、サプライチェーン全体をオーガナイズする立場であるべきです。

森：仮にCLOという名前を使っていても、欧米ではCSCOに近い、サプライチェーン全体を見るというイメージでよろしいのでしょうか。

小野塚：その通りです。物流だけを見て、物流の最適化だけをやっている方が、CLO・CS

ＣＯのポジションに就いているということは少ない。特に「ＣなんとかＯ」、いわゆる「ＣＸＯ」のポジションには経営の視点が求められます。いわゆる「チーフ○○オフィサー」は経営責任を担う人です。経営責任を担う人が、物流部門だけの代弁者であることは考えられませんから、サプライチェーン全体をオーガナイズするのが、基本的な役割になります。

森：日本でＣＬＯが根づかなかったのは、なぜでしょうか。アメリカでは80数%の企業にＣＬＯがいると聞いていますが、ヨーロッパも同様でしょうか？

小野塚：アメリカで80数%というのは、おそらく上場企業に限定するなどの条件を付していると思います。どうしても中堅・中小になるほど、ＣＬＯを専任で置いている企業は少なくなります。日本では上場企業を含めてもＣＬＯが置かれている会社はほとんどないのに対して、ヨーロッパだと8割かどうかは別にして、多いと思います。欧米では、ビジョンを示した上でビジネスをオプティマイゼーションするのが経営者の仕事です。日本の場合はどちらかというと、結構な大企業でも現場主導というか、現場力を尊ぶ会社が少なくないと思います。そのこと自体が悪いわけではなく、いいところでもあります。日本は現場が強いので、

現場で生まれた改善が会社全体の収益力を高めるといったことが起こります。だから、サービスレベルが日本のほうが高いのは、現場力が高いからだといえますが、裏を返せば、トップダウンで何かをやめるとか、変えるとか、仕組みにするといった意識が弱く、どうしても物流全体、サプライチェーン全体を統括するという意識が希薄です。日本でＣＸＯといった場合、生産部門を担当するＣＸＯや、販売部門を担当するＣＸＯはいたりしますが、実態として見ると生産部門の利益代表者であるケースが多いですよね。それは欧米ではあり得なくて、「ＣなんとかＯ」が特定部門の利益代表になっているのはおかしな話です。なぜなら、本来は会社全体を統括する立場だからです。もちろん、担当は生産部門、販売部門かもしれませんが、会社全体の利害を考えたら、「工場を潰すべきだ」とか「営業をリストラすべきだ」といったことを考えるのがＣＸＯであるべきです。日本の場合はどうしても現場上がりの人が偉くなって「ＣなんとかＯ」になり、長年工場で勤めてこられた方が生産部門の執行役員に、営業マンとして活躍されてきた方が販売部門の執行役員になるので、どうしても利益代表的です。そして、一般的なメーカー、流通の会社で「物流が本業だ」という会社はあまりないため、物流から上がっていった人は「Ｃなん

とかO」にはなれず、結果としてCLOやCSCOが存在しないわけです。

森：ボトムアップだと、細分化された現場の情報が上がっていくわけですから、どうしても細分化されたままになってしまうということですね。欧米はトップダウンで全体を俯瞰的に見ているという違いですね。それは企業に限らず、業界にもいえるかもしれません。ヨーロッパやアメリカは、まずイメージというか絵を描いてから全体に下ろしていく。一方の日本は、それぞれの会社はいいものを持っているものの、それを全体統括してシステム化するような機能はないですよね。

小野塚：おっしゃる通りで、規格化やルール化の面で、日本は大体遅れます。ただ、さっきおっしゃった「絵を描く」ことについては、欧と米で少し違うように思います。米はどちらかというと、例えばアマゾンがアマゾンの未来を描いて、アマゾンが世界中でそれを推し進めようとします。グーグルも同様で、メタもそうかもしれません。要するに特定のプラットフォーマーが未来の姿を描いて、それを他の企業に押しつけていくイメージです。結果として、それは規格になります。一方で欧州の場合は、「フォルクスワーゲンはこんな未来を考えます」とか「シーメンスはこういう未来を想定します」というように企業単位で描くこともしているんですが、最終的には政府や業界団体で横の連携を図って、「みんなで仕組みにしていきましょう」という志向が強い。ですので、物流に関していうと、規格化という点では日本よりアメリカのほうが進んでいますが、ヨーロッパはもっと進んでいます。ヨーロッパでは、90％強がユーロパレットですね。アメリカのパレット標準化率は5割くらいで、日本は3割程度です。日本よりは進んでいますけれど、規格化とか標準化に関してはヨーロッパが先を行っています。なぜなら、企業の垣根を越えて統一しようというインセンティブが働きやすい文化、商慣習だからです。

森：フィジカルインターネットの世界も、同様ですね。ヨーロッパはＡＬＩＣＥとかＥＵという単位でやっています。一方、アメリカでは最近、「フィジカルイントラネット」といわれています。それはアマゾンやＵＰＳなど、会社の規模があるからできることなのでしょうね。

小野塚：今申し上げたことは物流に限った話ではなく、あらゆる業界で見られる日米欧のおおまかな違いだと思います。1つ物流ならではの特徴を挙げると、日本の荷主は、本当は6時が締め切りなのに、7時に「これもお願いします。何とかなりませんか」といったり、契約上は車上渡しになっているはずなのに、「ついでにあそこまで運んでよ」などといって、それに対応してくれるのがいい会社、対応力のある会社がいい会社と捉えがちです。かつ、日本は現場力が高いために、契約外のオーダーでも対応できてしまいます。欧米では、まずしません。

森：そうですね。

小野塚：基本的に荷主は契約外のことをはなから期待していないし、例えば6時じゃなくて7時になったら、「受けつけません、明日になります」となるか、「わかりました。追加料金を取ります」となります。要するに、荷主は「物流はなるべくローコストでお願いします、その代わり契約条件には従います」という姿勢です。物流会社も「この条件に従ってくれたら一番ローコストで運びます」という基準を提示するので、標準化や定形化が進みやすい。もちろん、欧米でも追加作業に対応する会社はありますし、日本だって何でも受けるわけではありませんが、現場力文化が強いために、結果として標準化が進みにくいという面はあるかと思います。

森：ある意味の過剰サービスですね。

小野塚：それも痛し痒しで、だから日本は世界で一番宅配便が便利な国ともいえます。欧米では「来ない、なくす、壊れる」といったことが普通です。ですから、現場力が強いのはいいところではありますが、過剰品質の結果として「見えざるコスト」が実は発生しているのです。

森：宅配便の2回目、3回目の配送はその通りですね。この問題があるのは日本くらいではないでしょうか。

小野塚：日本以外なら、一度配送して不在だったら、置いて終わりです。もしくは営業所に持ち帰って、「自分で取りに来い」といわれるか。

森：結局、物流の労働者の賃金が上がらない理由はここにありますね。サービスはどんどん提供するけれど、それに対価が支払われない。

小野塚：おっしゃる通りです。CLOの役割に関する話に戻しますと、物流部長なら物流のことだけを考えるのであっても、極端にいえばいいと思います。「工場長は工場のことを考えてください」「営業部長は営業のことを考えてください」で、究極的には構わないと思います。もちろん、営業部長が生産のことを、工場長が物流のことを考えてくれたら嬉しいと思いますが、基本的にそれぞれの部門の担当者は、例えば工場長なら「歩留まりを上げたい」「生産性を高めたい」、調達担当の人なら「調達コストを下げたい」といったことに特化してくれればいいわけです。しかし、CLOがそれでは困ります。日本と欧米との決定的な違いは、欧米では「Cなんとか O」になった瞬間、経営者になるということです。経営者というのは、特定部門の利益代表ではありません。なのでCLOは、生産も調達もひっくるめて、「この施策によって、生産コストは10上がる。でも物流費が30下がるんだったら、やったほうがいいよね」「営業コストは20上がるけど、生産コストが50下がるんだったら、やったほうがいいよね」といったように、サプライチェーン全体を見渡して、どうしたら全体最適できるかを考えるのが役割です。では、日本でCLOになる方にそれができるでしょうか。

森：おそらく、今の日本でそのように理解しているところはほとんどありません。大手企業にCLOの設置を法的に定めることで、これから変わっていくということですね。その意味では、理解していない方に「何をやらなければならないのか」を伝えていくのが、我々フィジカルインターネットセンターの役割だと思っています。

小野塚：おっしゃる通りですね。ぜひ、フィジカルインターネットセンターとして「こういう

ものです」とお示しいただきたいです。全体最適を進めていくと、「フィジカルインターネットを使ったほうが物流費は１００下がります。その代わり、ダンボールのサイズをこれに合わせてください」といったことが生じるはずです。ダンボールのサイズを合わせるためには、「今までのオリジナルのパッケージを一般化しなければならない。生産ラインを少し変えなきゃいけないから、一時的に生産コストや工場の設備投資が増えます」とか、販売サイドでは「うちはユニークなパッケージで棚に陳列して、それで売れ行きがよかったはずなのに、みんなと同じ形状になったら目立たないじゃないか。売上が減ったらどうするんだ」といわれるかもしれません。でも、「売上が増えたところで20くらいですよね。設備投資が増えても10くらいでしょう。輸送費が１００下がるんだったら、同じ箱にしたほうが得ですよね」といわなければなりません。そうではなく、「営業部門や生産部門の都合に合わせて、我々は箱のサイズは今まで通りです。そのなかで何とか運送会社と交渉して運賃を引き下げるようにがんばります」というんだったら、それは物流部長ですよね。

森：そうですよね。大手の会社の役員さんと話してみても、意外とそこまで考えている方は少ないように感じます。ＣＬＯ、「物流統括管理者」という名称なので、あくまでも「物流」という概念しかないのかもしれません。

小野塚：先日、とある大手飲料メーカーの物流部長とパネルディスカッションをする機会がありました。その方は、箱の大きさや出荷タイミングについて他部門とコミュニケーションをとって、箱の形状を揃えてもらったりしたそうです。また、商品のキャンペーンを打つと、一時的に出荷が増えます。そういった波動が生じると物流効率は悪化します。だから、キャンペーンのタイミングを一時期に集中させるのではなく、商品ごとにタイミングをずらしてやってもらうといった工夫をされているそうです。その方は物流部長なので、権限を超えていたと思うのですが、物流部長でもやれている会社があるということです。

森：物流関係のグループを集めて話し合いの場を持つなど、物流に力を入れておられる会社もありますよね。

小野塚：そこが、よくいえば日本の現場力のよさだと思います。欧米だったら、物流部長はそんなことを考えなくていい。「お前は物流のことだけ考えろ。他の部門に口を出すな」といわれてしまうので、そういう人は出てきません。日本の場合、現場の人が何とか解決しようとして、物流だけでは無理だと思ったら工場や販売部門に話しに行くような会社もあります。これが日本の現場力のいいところです。

森：ただ、限界がありますよね。

小野塚：おっしゃる通りです。本来は統括する人がいるべきです。欧米の場合、下から上がっ

てきたＣＸＯもなかにはいますが、横から来る人のほうが多いのです。日本の場合、社外取締役を除けば、基本的に経営者のほとんどがたたき上げです。すると「あの人は営業畑で」とか「あの人は開発畑で」とか「うちは研究開発部門の出身者じゃないと社長になれない」となったりします。そういうことは、欧米ではありません。

森：だから、どうしても日本はその部門の利益代表になってしまうんですね。

小野塚：特にＣＬＯは、部門代表になったら一番困る人です。物流に対して冷たくすることも、時には必要です。それもひっくるめて、サプライチェーンの全体最適を本当に考えられますか？　ということです。

森：そうですね。今、フィジカルインターネットセンターとしてのＣＬＯの定義を考えようとしています。ＣＬＯは「サプライチェーン全体に責任、あるいはそれに対する権限を有する」という意味で、「サプライチェーン全体の最適化を実現する存在」、ひと言でいえばこうなりますね。この点を認識してもらわないと、組織が変わりませんね。

小野塚：はい。ですから、ＣＬＯが誕生したら、「あなたのＫＰＩは全体最適ですか？　それとも個別最適ですか？」と確認すべきです。「ＣＬＯのやることは、輸送の効率化や在庫コストの圧縮です」

なんていうCLOではないと私は思います。モノを調達し、作って出荷して販売されるまでのプロセス全体のコストの最適化に対するKPIを考えるのが、本来のCLOであるはずです。

森：その意味では、CLOはキャッシュフローまで見る必要があるわけでしょうか？

小野塚：べき論でいえば、そうだと思います。

森：では、法制化による物流への影響として、どんなことが考えられるでしょうか？

小野塚：日本のメーカーで圧倒的に多いのは、工場の声が大きくて、工場の都合を最優先、結果として物流は非効率というパターンです。流通の会社、あるいは販売力が強いメーカーは、「営業命」で営業の声が一番強く、結果として物流は非効率という会社が非常に多いです。CLOができて、「生産も営業も大事だけど、物流も含めてトータルコストを下げたほうがいいよね」というインセンティブが働くとすると、今まで多くの会社は物流のことをあまり考えずに管理をしていたので、普通に考えると物流費が下がるはずです。もしかしたら生産コストや販売コストは少し上がるかもしれませんが、トータルで見れば、物流はそれ以上にドラスティックに効率化されて、結果として日本企業の国際競争力・収益力が上がるはずです。

森：今回の話とは別に、「２０２４年問題」に注目が集まっていることもあって、企業の考え方も少し変わってきていますね。モーダルシフトがなかなか進まない原因の１つとしてよくいわれるのが、物流担当の部長さんはモーダルシフトをやりたい、だけど生産部門や営業部門の力が強過ぎるということです。「生産できたのに、何で止めておくんだ」とか。トラックならすぐ出荷できますが、船や列車だと決められた時刻に合わせなければなりませんし。これまでは他部門に反対されて実現できなかったことが、最近はトラックが手配できないといった話が出てきたことで、「しょうがないか」という意識になり、共同物流も少しだけ出てきましたね。

小野塚：おっしゃる通りです。これだけ「２０２４年問題」が取り上げられたり、コロナ禍で「物流はエッセンシャルワーカー」といわれたり、脚光を浴びたことで、過去に比べれば改善が進んできています。先ほど、サプライチェーン全体での最適化を進められている大手飲料メーカーのお話をしました。そのような会社がある一方で、残念ながら物流改善が進んでいない会社は、そもそも物流に対する意識があまり高くないように思います。改善が進んでいる会社の場合も、優秀な物流部長が着任したか、経営企画部門が乗り出してきたかの二択であるように感じます。これまで売上高物流費比率は５％程度だったので、無視していました。それがコロナ禍で海上運賃が高騰し、５％から７％になった、トラック代が上がって８％になった、これはマズいということで、物流部門のテコ入れに経営企画部門がやってきます。経営企画部門は特定の業務の利益代表ではない「Ｃなんとかｏ」のマインドを有するので、「これは物流だけの問題ではなく、生産も何とかしないと駄目だ」といって改善が進むというパターンが多い。いろいろな事件が発生して、「何とかせな」と思って変わった、というケースが多いのではないでしょうか。

森：日清食品さんもそうですね。2019年に荷物の一部が運べないという事態が発生して、サプライチェーン本部を作って全体を見るようになった。財務会計は自分たちの範疇外で、それ以外は全部見ていると伺いました。でも、まだまだ少数派ですね。先ほどいわれたように、日本では物流部長・物流部門は軽んじられる傾向があって、ですから日本では物流部長が社長になったケースを聞きません。

小野塚：非常に少ないですね。

森：今回、CLOの設置が義務づけられるのは荷主企業です。これができることによって、一方の当事者である物流企業にはどんな影響が出るとお考えでしょうか。

小野塚：物流会社からすると、それを主導して進められる会社とそうでない会社に二極化していくのではないでしょうか。

森：主導するとは、物流会社が荷主企業に提案するという意味でしょうか？

小野塚：そうです。本来的にいえば、荷主が改革を進める、それに物流会社は対応するということなのでしょうが、望ましいのは、物流会社が提案することです。共同物流にしても同じです。物流会社から共同物流を提案して進められたケースは、ゼロではないものの、多くはない。

圧倒的に多くの理由は、「寝た子を起こさないほうが物流会社にとって楽だから」です。例えば、荷主A社は積載率50％でトラック代を100払ってくれる、B社も積載率が50％だけど100払ってくれる、両社は発地も着地も隣り合っていて、両方合わせて運べばトラック1台で済む状況だったとします。そこで荷主が「トラック1台で済んだのだから、100は払いたくない。80でいいんじゃないの」と80を払ってくれた。2社から合計160をもらってトラック1台で済むのなら、物流会社の売上は減るけど、利益額は増えるはずです。こうしたことを合理的に提案している物流会社がどうしてこんなに少ないのだろうと疑問に思います。

森：楽といえば楽なんですよね。例えば、倉庫を1年間借りていると、どうしても波動があるので、空いている時もあります。空いている時に別の企業にそのスペースを提供してもいいわけですが、倉庫会社にしたら、全額を払ってもらえるのなら、そんな努力をする必要はありません。その意味では、提案する能力のある物流会社が伸びていく、パートナーになれる企業とそうでない企業に二極化していくということですね。

小野塚：そうです。「いわれたことを、がんばります」「寝た子を起こしたくはありません」「共同物流なんて大変です」といっているような会社は、だんだん淘汰されるということです。

森：これまで物流企業は、悪くいえば「出入りの業者さん」という位置づけで、荷主からは下に見られていたように思います。それがきちんと提案できるようになると、パートナーに近いような関係になっていけるのではないでしょうか。

小野塚：私もそのように理解しています。これからの物流会社に求められるのは、「提案力」と「利益を重視する姿勢」です。今までは、いわれたことをがんばってやっていれば「いい会社だね」と評価されてきたわけですが、荷主に対して、「こういう運び方をしてもらえると、物流費を下げられますよ」と提案できる会社が今後は望まれます。そして、それを実現するにあたって、売上至上主義をやめませんか、といいたいです。日本では、いまだに上場企業でも売上至上主義の会社がありますが、株価というのは、売上よりも利益に連動します。売上が10あって利益が10の会社と、売上は50だけど利益が30の会社だったら、後者のほうが株価は高いわけです。にもかかわらず、いまだに利益額よりも売上額を追ってしまう会社が少なくありません。もちろん、売上が120になって利益も増えたらいいのですが、簡単にはいかないわけです。であれば、共配を提案して、売上は2割減になるけれど利益が増えるんだったら、そちらのほうがいいはずです。この点を、物流会社も考えていく必要があるでしょう。

森：CLOは荷主に求められるものですけれども、物流会社にとっても他人事ではなく、直接影響してくるということですね。荷主のマインドが変わってくるから、それに対して物流会社も変わらざるを得ない。今までみたいに「20年つき合ってるから、これからもおつき合いしましょう」という時代ではなくなりますね。

小野塚：なくなります。ＣＬＯのパートナー企業になれるか、下請けになるか、です。語源を考えると、３ＰＬ（Third Party Logistics）は本来、ＣＬＯのパートナーになるべき存在のはずが、残念ながら日本では、サプライチェーンの最適化を提案する力があるからではなく、「うちはトラック輸送も倉庫も飛行機も船も全部やります」という総合物流会社が３ＰＬと名乗っているケースが圧倒的に多い。本来、荷主に代わってサプライチェーンを最適化するから３ＰＬなのです。物流の最適化が進む未来においては、本来の意味での３ＰＬの会社、パートナーの会社、最近の言葉でいうところのリードロジスティクスプロバイダが勝ち残れるのだと思います。

森：荷主にとって物流を自前でやるか、アウトソーシングするか、アウトソーシングの究極の形が３ＰＬといえますが、今の３ＰＬはどちらかというと、「いろんなことをやってます」というだけの話で、荷主に代わってサプライチェーンの最適化を考えて提案するのが本来の３ＰＬの姿であるということですね。

小野塚：おっしゃる通りです。３ＰＬの会社で、全体最適を提案できている会社がどれだけあるでしょうか。大手のなかには、素晴らしい取り組みをされているところもありますが、その会社でも、会社全体でそれができているかというと、優秀な部署とか優秀な担当

者が、お客様にうまく寄り添ってできたというだけの話で、よくいえば現場力、悪くいうと属人的。「担当が変わった途端にいい提案を得られなくなった」という会社が、残念ながら多いですね。

森：CLOが生まれることで、自社・自前主義が増えてくるのでしょうか？ そうなると、3PL会社にとっては逆風かなと思ったのですが。

小野塚：サプライチェーンを最適化しようとした結果、「なるべく持たない」という判断も当然あります。ご承知の通り、今は多くの企業がなるべく資産を持ちたくない、そのほうがROA・ROEを高めやすいという時代です。すると、トラックも倉庫も持ちません、運営する機能も持ちません。どちらかというと、最適なパートナーを常に組み替えられるように、あるいはインセンティブ契約を結んで3PLにより多くパフォームしてもらうような形でオーガナイズして、CLOの下は5人で済みます、というほうが会社としてはありがたいですよね。だから、CLOができたからといって自前化が進むとは考えにくいですし、本当にCLOがやるべき全体最適のことを考えたら、自前化に進むという判断をする会社のほうが不思議だと思います。

森：アウトソースの場合でも、最低限、ビジョンを描くとか、企画的なことは必要ですよね。

小野塚：はい。企画設計機能も丸投げするというのは、本来はあるべきではありません。

森：そうですね。ただ、日本ではほとんどありませんが、欧米では３ＰＬへの本当の丸投げがありますね。

小野塚：本当の丸投げはあります。ただし、例えば「生産拠点をどこに置くか」といったことまで３ＰＬが考えるかといったら、それはありません。あくまで物流起点で、「生産拠点はここにあるけれども、こういう出荷の仕方してもらえたら物流費を下げられます」、あるいは「こういうやり方をしてもらえたら、物流費は変わらないけれど、在庫を減らせます」といった提案になります。ＣＬＯは、「生産拠点はここに置くべき」とか「在庫はここに置くべき」とかも検討するわけで、３ＰＬよりも判断する範囲がもうちょっと広いですね。

森：そうですね。日本では物流を１００％丸投げしている会社はまずありませんね。

小野塚：日本の場合は中途半端なケースが多いと思います。「丸投げはよろしくない」ということで物流管理者がいるものの、10年、20年前から担当者はその人で、物流の委託先とも長いおつき合いです。その人が全体最適をきちんと考えているかというと、どちらかというと、工場や販売からいわれたことに従い、それを協力会社に伝えるという伝書鳩になりがちです。すると、「この人、要るの？」状態になってしまいます。

森：もう少し広く考えて、消費者とか社会に対する影響は何かあるでしょうか？

小野塚：ＣＬＯが増えることによってサプライチェーンの最適化が進むので、より効率的にモノが届きます。結果として物流費が上がりにくくなって、物価が落ち着きます。人件費・賃金が上がって物価が上がるのはいいと思いますが、非効率によってモノの価格が上がるのはいいことではないですよね。だから、本来あるべきではない物価の上昇を防げることが、基本的には社会への影響だと思います。

森：しかし、消費者にはなかなか見えづらいところではありますね、物流の改革というものは。

小野塚：はい、見えづらいところではあると思います。何でもかんでもコストを還元すべきかどうかはさておいて、コンビニでレジ袋代を取るようになったのと同様に、何度も再配達をしたら別料金を取る、あるいは置き配を選択したら安くする、というのがあるべき姿です。国は「送料無料と書くな」と啓発していて、残念ながらそれは通りませんでしたが、やはり無料のサービスって本来はないはずです。一見すると、お金を取っていないけれど、商品価格に含まれているというだけの話です。そういうことに気づいていただきたい、と思います。

森：この機会に、消費者にも理解を求めていかなければなりませんね。

小野塚：その通りだと思います。追加料金を取るのか、置き配を選んだら何かポイントがもらえるようにするのか、皆さんが物流に優しい対応をしたら、それだけ経済的なメリットが得られるような仕組みを作っていくことも大事だと思います。

森：全体を通して、何か他にございますか。

小野塚：加えるとすれば、荷主についてです。今まで荷主企業は「うちのやり方」を重視し、

物流会社に「うちのやり方に合わせて伝票の右側に番号を書いてくれ」などといっていました。今後、物流会社は「標準伝票にしてもらえたら値段が下がります」と提案すべきです。荷主に対しては、伝票なんて標準伝票でいいんじゃないですか、競合の会社と一緒のトラックで運んだってお客さんは困らないでしょう、お客さんからすれば安く届いてくれたほうがよほどいいでしょう、物流は協調領域で、戦うところではないでしょう、とお伝えしたいです。リソースに関しても、自分で投資するのではなく、他社とみんなでいつものあの場所を使おう、というような発想の転換が必要です。いろいろな危機が起きて、今ちょうど問題意識が高いタイミングなので、会社全体で舵を切っていただけたらと思います。

森：会社としてＣＬＯを任命する時に注意すること、あるいはどんな人を任命したらいいかなどのアドバイスはあるでしょうか。

小野塚：全体最適を実現する人なので、物流部門の出身である必要はありません。なんでしたら、その会社で一番発言力の強い部門の人を選んだほうがいいと思います。工場・生産部門が強い会社だったら生産部門から、販売部門が強い会社だったら販売部門から。そういう人じゃないと、工場に対して「こうすると物流費が下がるから、こういうやり方で生産してくれ」といいにくいことが多いと思うんです。いくらＣＬＯとしての権限があるからといって、「よく

知らない人間が生産のことに口を出すな」と、日本の会社はなりがちです。なので、その会社で核となる部門の人にＣＬＯをやっていただくことが1つの方法じゃないでしょうか。

森：なるほど、それは非常にわかりやすいですね。最後に、ＣＬＯに新しく就任された方へのアドバイスはありますか？

小野塚：繰り返しで恐縮ですが、全体最適、ということです。ＣＬＯ自身が全体最適を意識することもさることながら、会社にも同じ意識を持っていただきたいです。ＣＬＯには本来ミッションがあるはずです。日本の場合はＣＸＯに対してＫＰＩを課している会社が非常に少ないのですが、欧米では一般的に課しています。営業担当者だったら、営業としてこういうＫＰＩを達成してください、ＣＴＯはこういうＫＰＩを達成してください、と。同じように、「ＣＬＯはこういうＫＰＩを達成してください」と。その達成しなきゃいけないＫＰＩは、売上高物流費比率ではないはずです。作ってから売るまでのプロセスで、1個あたりどれだけコストがかかったかとか、1個あたりの付加価値額はいくらか、ということをＫＰＩにすべきです。ＣＬＯになった方にはそれを意識していただきたいですし、ＣＬＯを任命する会社・社長には、全体最適を志向しなければならないようなＫＰＩをＣＬＯのミッションにしていただきたいです。そして、これから多くの会社で全体最適が進むはずで、

全体最適を進めた結果、みんな同じように調達から生産、販売まで全体最適するとなった時、最終的にどこまで全体最適を志向できるか、その全体最適の深さと範囲が広ければ広いほど、最終的に収益力がより高まると思います。CLOの業務にキャッシュフローを含めるかというお話がありましたが、キャッシュフローまで含めないと、在庫リスクは正確にはわかりません。在庫リスクまで含めて最適化しましょうとなったら、キャッシュフローまで含むことになります。例えばアマゾンという会社は、プロモーションコストもひっくるめてサプライチェーンを最適化していきます。プロモーションコストと在庫コストのどちらをどれだけかけると収益を最大化できるか、そこまで考えています。どの程度の粒度でどこまでの範囲を最適化できるか。CLOは企業の収益力、日本の国際競争力を左右する存在になるといっても過言ではないのです。

森：わかりやすいお話をありがとうございます。

（2024年3月7日インタビュー）

第6章

サプライチェーンにおける
リスクマネジメント

1

リスクとリスクマネジメント

企業は、これまでにないほど複雑化・多様化し、かつ巨大化したことで、多くのリスクに囲まれています。

ウクライナ紛争やイスラエルとハマスの紛争、２０２４年の年明けに起こった能登半島地震、新型コロナウイルスによるパンデミック、さらに為替の影響も無視できません。何より大きな課題は、米中対立による地政学的リスクへの対応です。数え上げればきりがありません。

多くの企業が、活動をグローバルに展開しています。世界の片隅の出来事が企業活動に直接影響することも少なくありません。多くの企業がサプライチェーンの再構築に追われていると思います。

こうした企業の動きが、まさにリスクマネジメント（リスクを管理、コントロールすること）です。リスク管理ができていなかったために消滅した企業は少なくありません。リスクの多くが、サプライチェーンと密接に関わっています。

繰り返しになりますが、ＣＬＯの仕事は、サプライチェーン全体の管理です。サプライチェーンにおいて発生するリスクに対する責任も、ＣＬＯが負うことになります。どのようなリスクがあるかを認識し、備え、リスクの発生を抑えることがＣＬＯに求められます。リスクには、発生を抑えられるものと自然災害のようにコントロールできないものもあります。後者に対しては、発生後いかに事業を継続するかが重要です。

最初に、リスクマネジメントとは何か、そしてサプライチェーンにおけるリスクにはどのようなものがあるかを認識することからはじめます。

リスクは企業によって違います。そのため、リスクを定義するのは至難です。ひとつ定義の例を挙げると、「組織の収益や損失に影響を与える不確実性[1]」というものがあります。ここで注目したい部分は、「不確実性」です。リスクとは実に曖昧で不確実なものです。その捉え方も企業によって、人によって違います。

具体的に、企業のリスクにはどのようなものがあるか見てみましょう。次ページ表6−1は、経済産業省のデータがもとになっています。企業全体の考えられるリスクであり、ＣＬＯの担当外のものもありますが、ＣＬＯの担当（＝サプライチェーン）に関係あるリスクは、外部環境の半分近く、業務プロセスについては、ほとんどすべてにサプライチェーンが関わっていることがわかります。この表を参考に、それぞれの企業におけるリスクを抽出してください。まず、リスクの認識が第一歩です。

1　仁木一彦『図解ひとめでわかるリスクマネジメント（第2版）』東洋経済新報社（2012）

表 6－1　企業のリスク一覧

大分類	小分類	リスク例
外部環境	自然災害・事故	自然災害・天候不順
	事故・犯罪	電力等公共サービス停止、犯罪、事故
	国レベルの紛争・混乱	戦争・紛争、インフレ、通貨危機、政変
	法律・規制・商習慣	法律・規制の変更、当局の姿勢の変化
	市場	金利変動、為替変動、株価変動
	競合	競合の戦略変更、新規参入
	顧客	顧客ニーズの変化、顧客層の変化
	取引先	取引先倒産、調達先・提携先の変化、取引先の姿勢変化
	株主	株価低下、株主構成の変化、買取
	その他の組織等	アナリストの評価、各種団体からのクレーム
	風評	マスコミ報道、ネットでの誹謗
業務プロセス	商品・サービス	商品ライフサイクル変化、商品の瑕疵、返品・リコール、知的財産侵害、商品・サービスの陳腐化、虚偽表示
	運輸・物流	商品の滅失・棄損、物流コスト増大、輸送ルート断絶、誤配・遅配
	調達	欠品、余剰在庫、滞留在庫、調達価格
	マーケティング	顧客ニーズとのミスマッチ、価格設定、商品構成
	販売	不適切な販売、顧客満足度低下、納期遅れ
	アウトソーシング	外注コスト増大、要求水準未達、アウトソーサーへの過度の依存
	労務（安全・就業）	労基法違反、セクシャルハラスメント、人権問題
	情報システム	システム障害、情報漏洩、開発遅延、ウイルス被害、サイバーテロ、テクノロジーの陳腐化
	財務	財務諸表の虚偽記載、引当金不足、含み損の発生、債権回収遅延
	広報・IR	虚偽情報の開示、情報開示遅延、マスコミ対応失敗、クレーム対応失敗
	資産保全（物理的資産・知的財産）	建物・設備の毀損、現金・貯蔵品等の滅失・毀損
	環境	CO^2 排出、不法投棄、土壌汚染
	コンプライアンス	贈収賄、インサイダー取引、契約不履行、反社会勢力との関係、金銭事故
内部環境	ガバナンス	役員の不正、グループ会社の統制不足
	コミュニケーション	方針の不徹底、組織間の連携不備、重要情報の伝達漏れ
	人材	人材流失、従業員のモチベーション低下
	組織・企業文化	M&A等による混乱、不適合、組織の硬直化

出所：仁木一彦『図解ひとめでわかるリスクマネジメント（第2版）』東洋経済新報社（2012）

2

リスクマネジメントと危機管理

リスクマネジメントと似た言葉に「危機管理」があります。まず、この違いを理解してください。広義のリスクマネジメントには、①リスクが発生する前にリスクを管理し、その発生を抑える役割と、②リスクが発生した時、損失を最小限に抑え、その後、すみやかに復旧し、事業を再開・維持する、という2つの役割があります。①を狭義の「リスクマネジメント」、②を「危機管理（Crisis Management）」と区別しています。

つまり、危機管理は、広義のリスクマネジメントの一部です[2]。いずれにしてもCLOは、リスクマネジメントと危機管理の両方に責任があり、その対処方法も違ってきます。

リスクマネジメントは、例えば米中対立の地政学的リスクへの対応として、調達や生産拠点の変更（複数化、リショアリングなど）といった企業活動に反映させます。一方の危機管理は、実際にリスクが発生してからの行動になります。そのために「危機管理マニュアル」や「BCP（事業継続計画）」の策定、および訓練を行うなどの備えとなります。

2　リスクマネジメントと危機管理の関係には諸説あり、危機管理の一部がリスクマネジメントである、また、危機管理とリスクマネジメントは同義であるという説などがある。本書では、リスクマネジメントと危機管理を分けて、リスクマネジメントの一部が危機管理という説をとっている。

図6－1　リスクマネジメントと危機管理

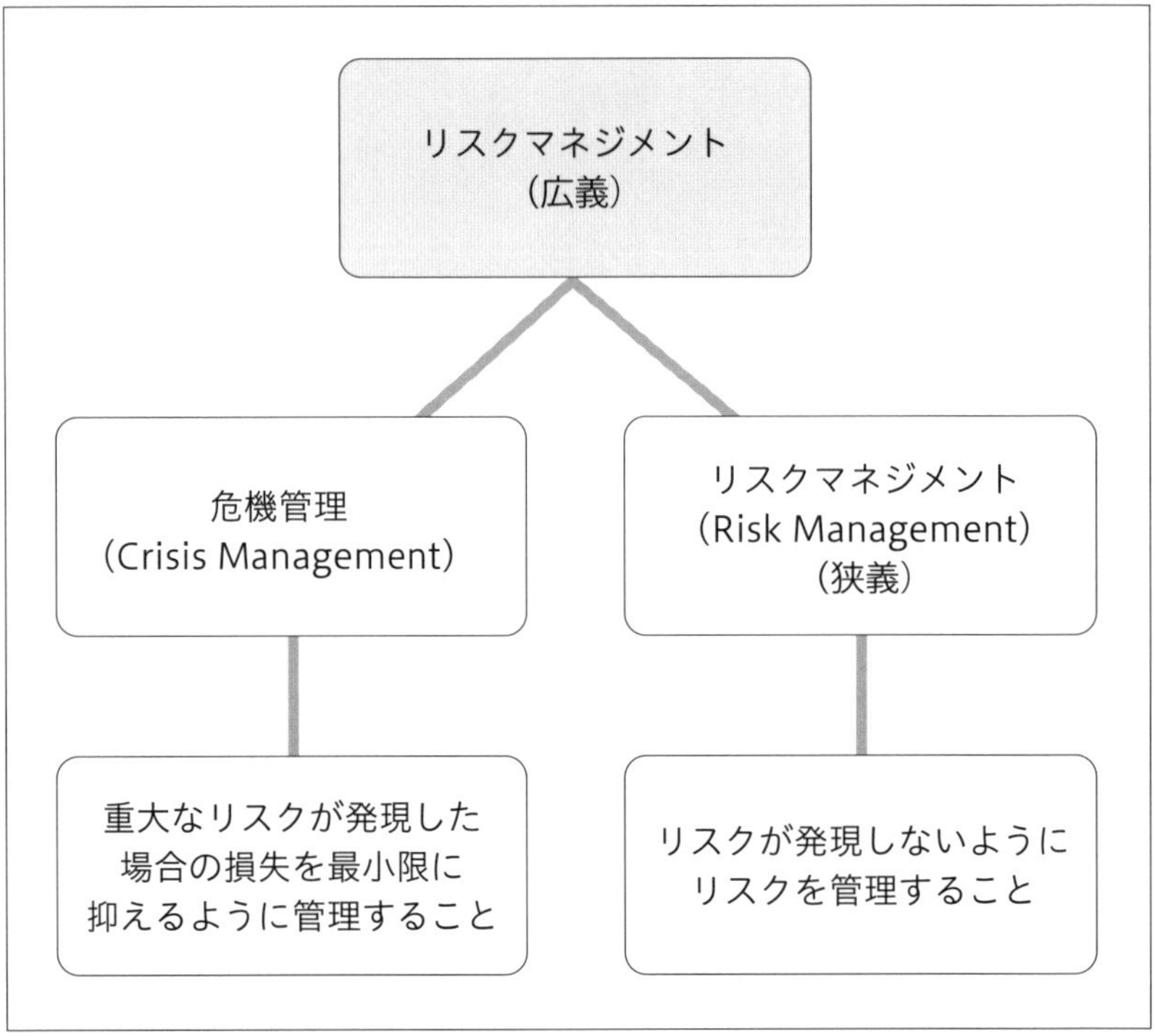

出所：仁木一彦『図解ひとめでわかるリスクマネジメント（第2版）』東洋経済新報社（2012）

表６－２ 危機管理のポイント

平常時	危機管理マニュアル、ＢＣＰ等を作成、定期的な訓練の実施などで危機に備える。
危機発生時	対応組織を設置し、情報を一元管理し被害の拡大を防ぐ。
危機発生後	BCP に基づきすみやかに復旧し、事業活動を再開する。

著者作成

3 リスクマネジメントとBCP

企業活動において、パンデミック、テロ、事故や自然災害など避けられないリスクもあります。そうしたリスクへの対策の一環として、多くの企業がＢＣＰを策定しています。

特に日本企業は、阪神淡路大地震、東日本大震災といった巨大災害を経験しています。その後も２０２４年元旦に起きた能登半島地震があり、また台風や豪雨による被害は毎年のように起きています。

ＢＣＰは、災害等の発生による事業の中断での被害（＝損失）を最小化するために、中断した事業をすみやかに再開し、事業活動を継続することを目的としています。

企業活動の継続は、社会的にも求められています。いい換えれば、危機に際して事業活動の継続は企業の社会的使命でもあるのです。また、顧客や取引先から見れば、「危機に強い企業」というのは頼もしい存在です。

近年、取引先から危機管理体制についてどのような対策を講じているか、説明を求められるケースもあるようです。企業の社会的使命、あるいは顧客・取引先との関係強化の意味から、ＢＣＰの策定は必須といえます。

地震や豪雨による企業の被害は、工場そのものの被害や、停電や断水による生産活動の中断だけでなく、従業員が被災して出社できないということも含まれます。

ＣＬＯにとって最大の課題は、交通ネットワークが壊れ、モノが運べなくなることです。工場が稼働可能でも、原材料や部品の供給が止まれば生産はできません。

ＢＣＰにおけるサプライチェーンの役割は、大きいのです。供給を止めない物流を、平時からＢＣＰに組み入れておかなければなりません。これはリスク管理における、ＣＬＯの大きな役割のひとつです。

4

CLOとリスクマネジメント

企業には様々なリスクがあります。大手企業のなかには、ＣＲＯ（Chief Risk Officer：リスク管理経営責任者）と呼ばれる、リスク管理の責任者を置いているケースもあるようです。また、下請け工場における人権問題がクローズアップされたことから、下請け工場の労働環境などを専門に監視するスタッフを配置するケースもあるようです。

しかしながら、ＣＲＯがリスク全般を統括するといっても、実際に計画し、行動するのは現場のスタッフです。また、委託先の工場を監視するといっても、縦割りで労働環境や人権の監視など、部分的にしかできない場合が多いようです。

その意味で、サプライチェーン全体を掌握し、対策を立て、全体最適化を図ることができるのはＣＬＯ以外にいません。日本の企業はまだまだ基本的に縦割り社会です。それぞれの組織では、ＣＬＯがつかんでいない情報もあります。そのため、ＣＲＯや委託先の工場などの監督スタッフとの関係も大切です。

いい換えれば、**社内の組織間の情報共有**が重要なのです。社内のリスク情報を記録し、管理することが大事です。これもぜひ、ＣＬＯの仕事の第一歩として取り組んでほしいことのひとつです。

サプライチェーンに限らず、現代の企業経営は、様々な場面で複雑に絡み合っています。例えば、リスクマネジメントの観点から、サプライチェーンを複数化、多様化することを考えてみましょう。

自然災害で道路が寸断されてトラック輸送ができないことを想定し、平時から輸送手段をトラックだけでなく、鉄道や船舶へと多様化するとします。輸送手段を変更することをモーダルシフトといいます。モーダルシフトの推進によって輸送の複線化・多様化を図ることが目的ですが、その結果、輸送時に排出されるＣＯ$_2$が大幅に削減されます。また、トラックドライバーの労働時間短縮になり、労働環境改善、およびコストセーブが実現し、一石三鳥になります。危機に強い企業を支えるのは、ロジスティクスです。「危機に強い企業」という評価は、競争優位を確立することにつながります。

これまで、物流はコストとしか考えられてきませんでしたが、物流が企業業績に大きく貢献することを明らかにすることも、ＣＬＯの大きな役割だと思います。

おわりに　ＣＬＯの役割

ＣＬＯは、サプライチェーン全体に責任と権限を持つ、企業にとって非常に重要なポジションです。そのため、ＣＬＯはロジスティクスとサプライチェーンマネジメント（ＳＣＭ）を熟知している必要があります。そのうえで、企業全般の最適化を求めて各部門をコーディネートしなければなりません。その過程で、部門間に起こり得るトレードオフの関係を調整することが企業の全体最適を実現します。

本書で述べてきたように、ＣＬＯは、決して物流だけの責任者ではありません。あくまで経営の視点が要求されます。この点が物流にのみ責任を負う物流部長との違いです。

ＣＬＯは、物流の効率化の目標を立案し、設定するとともに、その設定目標の成果について評価・報告することが法的に義務づけられています。目標設定とその評価のためには物流の可視化（＝見える化）が必要です。そして、可視化するためには正確なデータが必要です。したがってＣＬＯの最初の仕事は、データの収集と、そのデータを活用しての物流の可視化です。

物流を可視化することで自社のサプライチェーンにおける物流の問題点が明らかになります。問題点が明らかになって、はじめて問題を解決するための対策が立てられます。その対策が、物流改善の目標となります。さらに、収集したデータを比較することで目標達成に対する評価となります。つまり、ＣＬＯにとってデータ収集とその活用が大前提ということです。ＣＬＯの仕事として、サプライチェーンにおける各部門の調整による全体最適の実現やリスク管理など、多くのことに言及してきました。これらすべての基になるのがデータによる可視化です。

新たにＣＬＯに任命されたら、まず自社の物流・サプライチェーンにおけるデータ管理体制がどうなっているかを確認することからはじめることをお勧めします。自社においてデータ収集が的確に行われ、そのデータが十分活用されていることが重要です。もし、その体制が十分でなければ、その体制構築が新ＣＬＯの最初の仕事になるでしょう。

現代の経営がデータドリブン（データに基づく経営）によっていることを疑う人はいないと思います。データなくしては、何もはじまりません。しかし一般に、経理などのデータはきちんとしていても物流データが収集されていない、あるいはデータは揃っていても十分に活用されていない企業は意外に多いようです。

そうはいっても、新ＣＬＯにとって、「じゃあ、どうすればいい？」というケースも少なくないことでしょう。そんな新ＣＬＯのための組織が、一般社団法人フィジカルインターネットセンター（ＪＰＩＣ）が設立した「ＣＬＯ協議会」です。この協議会に参加する仲間（ＣＬＯ）同士で助け合うことで、それぞれの問題解決に向けて前に進むことができます。

もうひとつ、ＣＬＯの仕事として重要な点は、データをベースに明らかにした物流・サプライチェーンにおける課題を、常に経営課題として役員レベルで共有することです。これまでは、物流課題は物流部門のなかだけで完結していたのではないでしょうか。

社会の価値観や経済・経営環境が大きく変わり、物流は従来のような「縁の下の力持ち」の存在から、物流が「経営戦略の核」となる時代に転換します。それは、ZARAやAMAZON、DELLといった企業を見ればわかります。

CLOが常に役員会の場で、経営課題として物流問題を取り上げることで、経営層の物流に対する認識は変わってくるはずです。多くの企業で、物流の課題が経営全体の課題として議論されることで、日本全体のこれまでの物流軽視の姿勢は大きく方向転換すると思われます。CLOの誕生は、そのくらい大きな意味を持つものであるということです。

CLOは、日本の産業界のみならず日本社会も変革する存在です。CLOに期待されるところは小さくありません。日本の社会がCLOの活躍を見守っています。

付録　ロジスティクス・サプライチェーン基本用語

【アセット型・ノンアセット型（Asset・Non-Asset）】
アセット型は、業者自身が施設・車両・情報システムなどを保有・運用し、業務を行う業態である。一方、ノンアセット型は、業者自身は資産を持たず、ノウハウを持って他の業者の資産を利用しながら業務を行う業態である。日本ではアセット型の物流業者が多い。

【アライアンス（Alliance）】おもに「業務提携」という意味で使われており、企業間の資本関係の有無や提携の形式にかかわらずに使用される。航空業界や定期船業界のアライアンスが有名である。

【インコタームズ（Incoterms）】国際商業会議所（ICC）が制定した貿易取引条件に関する国際規則。インコタームズは、売り手と買い手が交渉して決めるもので、貿易条件によって異なる。インコタームズには、EXW、FCA、CPT、CIP、DAP、DPU、DDP、FAS、FOB、CFR、CIFの11種類がある。

【インテグレータ（integrator）】物流業界では、国際貨物輸送において、配送元から配送先まで、ドアツードアの輸送を行う巨大物流事業者を指す。フェデックス、UPS、DHLが挙げられる。

【インランドデポ（Inland Depot）】開港や税関空港から離れた内陸部の物流施設に対して、税関長が保税蔵置場として許可した場所で、貨物の集配や通関業務、保管などを行うところであり、荷捌き機能や集貨・配送機能、蔵置機能（バンプール、保税蔵置場）、通関拠点機能などにより、内陸荷主の輸出入拠点となっている。

【運行管理者】トラックやバスなど自動車運送事業者で必要とされ、安全に運行できるよう管理・監督を行う者。「貨物」と「旅客」の2種類がある。営業所ごとに車両数に応じた人数の運行管理者を配置することが義務づけられており、ひとつの営業所に複数の運行管理者がいる場合には、さらにそのなかから統括運行管理者を選任する必要がある。運行管理者になるためには、自動車運送事業の種別に応じ、旅客、または貨物の「運行管理者資格者証」の交付を受けることが必要である。

【越境物流（越境EC物流）】海外の消費者とインターネット上でサービスや商品の売買取引を行う際の物流体制。消費者が住む国のルールに従って商品を発送するため、国内のEC物流よりも課題が数多くある。

【エービーシー（ABC）分析】在庫品目別に最適な管理方法を検討する際の分類手法のひとつであり、縦軸に管理特性値（在庫量、在庫金額、出庫量等）の累計比率をとり、横軸に品目の比率をとりプロットする。重要度の高いものからA、B、Cの3ランクに分類し、ランク別対応方法の検討に利用される。

【オムニチャネル（omni-channel retailing）】流通・小売業の戦略のひとつで、複数の販売経路や顧客接点を有機的に連携させ、顧客の利便性を高め、多様な購買機会を創出する。

【回収物流】静脈物流のひとつで、納品の際に使用したパレットや通い箱などの資材、オフィスで使用している機器・什器、使用済みの家電、不良品などリサイクルの対象となっているものの回収のことを指す。

【オリコン】折りたたみコンテナの略称で、折りたたみ・組み立てが可能なコンテナ（箱・容器）。

【カーボンニュートラル】温室効果ガスの排出量と吸収量を均衡させ、全体としてゼロにすること。「排出を全体としてゼロ」というのは、二酸化炭素をはじめとする温室効果ガスの「排出量」から、植林、森林管理などによる「吸収量」を差し引いて、合計を実質的にゼロにすることを意味する。

【カボタージュ（Cabotage）】カボタージュは、国内の2地点間の輸送を自国業者に限定する規則や権利のこと。航空や海運の分野で用いられる用語で、外国の航空機や船舶が国内運航を行うことを禁止することができる。日本では、船舶法においてカボタージュにより、日本の船を保護している。

【カルテル】 寡占状態にある同一業種の企業が競争を避けて利益を確保するため、価格・生産量・販路などについて結ぶ協定。独占禁止法で原則として禁止されている。

【カンバン方式】 トヨタ自動車が生産工程に導入した在庫削減の手法。生産工程において「後工程が前工程に対して部品を発注する」方式で、無駄な在庫を持たないようにする手法である。後工程が前工程に対して必要な部品を指示する板を「カンバン」と呼び、この生産方式を「カンバン方式」と呼ぶようになった。

【キャリア】 物流において、実運送事業者（海運会社や航空会社など）を意味する。

【共同輸送・共同物流】 商物分離が前提であるが、他社と物流を共同化することで配送方法を改善する。限定された区域や地域を対象に、配送業者が配送センターで複数のメーカーの荷を集め配送すること。

【グリーン物流（Green Logistics）】 モノの流れの最適化を求めるだけでなく、原材料の調達から生産、流通、使用または消費、回収、再資源化までのすべてにおいて発生する環境負荷の最小化を目指すロジスティクス活動をいう。

【クロスドッキング】 工場と小売りの間の中継拠点において、到着した商品を在庫することなく、方面別に仕分け、トラックに積み替えて配送する仕組みのこと。日本では小売業のセンターが多く採用してきた方式で、こうした拠点を通過型センター（ＴＣ：Transfer Center）と呼んでいる。

【交通の3要素ノード（Node）、リンク（Link）、モード（Mode）】 ノードは結節点、リンクは道路、線路などの交通路、モードはトラックや船舶等輸送機関を表す。

【国際海事機関（International Maritime Organization: ＩＭＯ）】 海上の安全、船舶からの海洋汚染防止等、海事分野の諸問題について政府間の協力を推進するために、１９５８年に設立された国連の専門機関。本部は英国（ロンドン）。２０２１年10月現在で１７５ヶ国が加盟、香港等の3の地域が準加盟国となっている。

【国際複合一貫輸送】2つ以上の種類の異なる輸送機関の連携で行われる国際輸送のこと。単一の輸送契約のもとで、海陸空それぞれの輸送手段を組み合わせ、最終到着地まで一貫して行う貨物輸送サービスである。

【ゴトコン】全長が12フィートの日本国内の鉄道輸送を主体として運用されるコンテナで、最大積載重量が5トンであることから「ゴトコン」と呼ばれる。日本独自規格のコンテナ。

【コールドチェーン(Cold Chain)】冷凍・冷蔵によって低温を保ちつつ、生鮮食料品など温度管理の必要な生産物を生産者から消費者まで一貫して流通させる仕組み。低温流通体系。

【求貨求車システム】帰り荷の確保(片荷解消)、積載率向上、効率的な配車・運行・荷待ちの解消を目的に、トラックと荷主を条件が合えばリアルタイムでマッチングさせることができるシステム。

【混載(貨物)(Consolidation/Consolidated Cargo)】混載とは、ひとつのコンテナに複数(2以上)の種類、荷主の貨物を詰め合わせること。

【コンソリデーション(Consolidation)】「混載」参照。

【コンテナ】ユニットロードで標準化された形態で輸送を行う容器の総称。材質は、鉄製・アルミ製・鉄枠合板製・FRP(繊維強化プラスチック)等がある。

【在庫回転率】在庫回転率とは、ある期間に売れた在庫が、その期間の平均在庫高の何回分に相当するかを示した値。在庫回転率が1回に到達するまでに要した期間を在庫回転期間という。

【シェアリングエコノミー(Sharing Economy)】自家用車や自宅など個人が所有する資産やスキルなどの有形無形のリソースを共有することで収益を得るビジネスモデル。インターネットのプラットフォームを介して行われる経済の形を指す。例として、Uber(ウーバー)やAirbnb(エアビーアンドビー)が挙げられる。

【車扱《しゃあつか》い】鉄道貨物の輸送形態(列車形態)。車扱いは、貨車を1車単位で貸し切って輸送する形態。石油・化学薬品・セメント・石炭など貨物に合わせた専用の貨車を使用して輸送する、専貨列車（専用貨車列車）。

【省エネ法】エネルギーの使用の合理化に関する法律の略称。石油、可燃性天然ガス、石炭などの燃料とそれらを熱源とする電気の使用量について、工場・事業所、建築物、機械器具に具体的な基準を設けて、省エネルギーを推進する。

【静脈物流】消費された後の製品や容器・包装等の廃棄物を回収し、再資源化するための物流。↔動脈物流

【ステベ（stevedore）】船会社または荷主との契約で船内の揚積荷役作業を担う船内荷役請負業者。

【制約理論（Theory of Constraints：TOC）】１９８４年に出版された『ザ・ゴール』の著者である、物理学者エリヤフ・ゴールドラット博士が開発した全体最適のマネジメント理論。『ザ・ゴール』では、ボトルネックに注目して工程を全体最適化するドラム・バッファー・ロープ（ＤＢＲ）という具体的手法が紹介されている。ＴＯＣは部分の改善ではなく、組織全体で最大のアウトプットを出すことを目的としている。

【総合物流施策大綱】産業競争力の強化や国民の生活を持続的に支えることを目的として、省庁横断的に物流に関する総合的な取り組みを取りまとめたもの。１９９７年以降5年ごとに改訂。

【炭素税】排出した二酸化炭素の量に応じて課税される税金で、地球温暖化対策として化石燃料の消費を減らすことを目的にしている。

【電子B／L】電子船荷証券。従来の紙のＢ／Ｌの内容をデジタル情報化し、Ｂ／Ｌに関する発行・移転・回収等を電子上で行うことができる。

【動脈物流】原材料を調達し、商品を製造して、エンドユーザーに提供する一連の流れに伴う物流。物流を血液の流れになぞらえて「動脈物流」と呼ぶ。

【特別積み合わせ（特積み）】不特定多数の荷主からの貨物を積み合わせること。この形態で輸送することを特積み輸送という。特積み輸送を行う場合は、「貨物自動車運送事業法」により許可が必要。特積み輸送の例として宅配便がある。

【荷役《にやく》】荷役は、倉庫や物流センターでの荷物の積み

降ろしや運搬、入出庫、ピッキング、仕分けなどの活動全般を表す言葉。荷役のおもな作業は、「荷揃え」「積みつけ／棚卸し」「運搬」「保管（棚入れ）」「仕分け」「集荷（ピッキングなど）」の6つに分かれ、それぞれの作業が物流の生産性や品質に大きな影響をおよぼす。民間では「にやく」というが、行政関係者は「にえき」と発音するケースが多い。

【フレイター（freighter）】貨物専用機。

【フォワーダー（Forwarder）】荷主と輸送会社を結びつけて、ドアツードア（door-to-door）輸送を行う業者である。具体的には、自動車運送取扱業、通運事業、利用航空運送事業、航空運送取扱業、内航運送取扱業などがある。

【フィーダー輸送（Feeder Transport）】主要港（メインポート）から目的地の地方港への2次輸送、3次輸送のこと。「内航フィーダー輸送」と「国際フィーダー輸送」の2種類がある。内航フィーダー輸送は「国内中継輸送」とも呼ばれ、国内の主要港から地方港への2次輸送。国際フィーダー輸送は国をまたぐ国際輸送である。

【ハブ&スポークシステム（Hub and Spoke）】空港や港の路線ネットワークの形状を表す言葉であり、ある拠点となる空港や港（ハブ）を軸に、自転車のスポークのように地方に放射線状に広がっているネットワークのことをいう。

【バリューチェーン（VC）】企業が顧客に商品やサービスを提供するまでの事業プロセスの全体を、一連の付加価値のつながりとして捉える考え方。マイケル・ポーターが提唱したもので、顧客への価値提供に直接関係する5つの主活動（「購買物流」「製造」「出荷物流」「販売・マーケティング」「サービス」）と、それを支える4つの支援活動（「調達活動」「技術開発」「人事・労務管理」「全体管理」）とによって構成される。自社および他社の競争優位性を生み出している業務の内容把握や、業務プロセスにおける改善余地の把握、既存事業と差別化されたビジネスモデルの検討等に活用できるフレームワークである。

【パレートの法則（80：20の法則）】イタリアの経済学

者ヴィルフレド・パレートが発見した法則で、「経済活動における数値のほとんどは全体を構成する要素の一部が生産している」ことを意味する。例えば、売上の8割は、全顧客のうちの2割で生み出している、あるいは、社会全体の上位2割が世の中の富の8割を保有しているといったように、8と2というキーワードから「80：20の法則」とも呼ばれる。

【パレット（pallet）】荷物の保管、構内作業、輸送のために使用される荷台である。木製やプラスチック製がある。サイズは、国によって企業によって様々であるが、日本は１９７０年にＪＩＳ（日本産業規格）によって、Ｔ11（１１００×１１００×１４４ｍｍ）が定められた。

【ピッキング（picking）】受注した商品を保管場所から取り出す作業のことである。ピッキングの方法には、出荷指示の内容や量に応じて、ある商品・物品をまとめて取り出し、その後、出荷先別に仕分ける「種まき方式」と、出荷先別に必要な数量だけを順に棚から取り出して出荷する「摘み取り方式」がある。

【フィジカルインターネット（Physical Internet：PI）】インターネット通信におけるデータの塊をパケットとして定義し、パケットのやりとりを行うための交換規約（プロトコル）を定めることにより、回線を共有した不特定多数での通信を実現する考え方を、フィジカル、つまり物流の世界にも適用しようという考え方。政府は、フィジカルインターネット・ロードマップを作成、２０４０年の実現を目指す。

【物流】生産から消費までの生産物の包装、輸配送、保管・荷役、在庫管理などの諸機能。

【物流ＡＢＣ】ＡＢＣは「Activity Based Costing」「活動基準原価計算」。物流コストの管理手法のひとつで、部門別に計上されていた原価をアクティビティ（作業）別にとらえ、業務内容によって商品や部門ごとに割り振ることで、正確な原価を導き出そうとする手法。

【物流総合効率化法（流通業務の総合化及び効率化の促進に関する法律）】流通業務（輸送、保管、荷さばきおよび流通加工）を一体的に実施するとともに、「輸送網の集約」「モーダルシフト」「輸配送の共同化」等の輸送の合理化により、流通業務の効率化を図る事業に対する計画の認定や支援措置等を定めた法律。国土交通省では、昨今の物流分野における労働力不足や、荷主や消費者ニーズの高度化・多様化による多頻度小口輸送の進展等に対応するため、同法に基づき、「2以上の者の連携」による流通業務の省力化および物資の流通に伴う環境負荷の低減を図るための物流効率化の取組を支援している。

【物流二法】１９９０年に施行された、トラック運送業を対象とした「貨物自動車運送事業法」と「貨物利用運送事業法（旧貨物運送取扱事業法）」の2つの法律を指す。これらの法律によって運賃・料金とトラック運送業への参入が規制緩和された。

【物流三法】物流二法に「鉄道事業法」を加えた3つの法律を指す。２００３年に改正施行された。物流二法の罰則・監査制度が強化される一方で、規制緩和が行われ、それによって運賃の上限認可制や事前届出制と、営業区間規制が廃止された。

【船荷証券（Bill of Lading　B／L）】運送人（おもに船会社）と荷主との運送契約に基づいて貨物を受け取り、船積みしたことを証明する書類。貨物の所有権を書面化した有価証券であるため、船会社から貨物を受け取る時にこの書類を提示する必要がある。

【ブロックチェーン】分散型ネットワークに暗号技術を組み合わせ、複数のコンピュータで取引情報などのデータを同期して記録する手法。一定期間の取引データをブロック単位にまとめてチェーン（鎖）のようにつなぎ、正しい記録を蓄積していく仕組みであることから、ブロックチェーンと呼ばれる。別名「分散型台帳」と呼ばれる。ブロックチェーンは複数のコンピュータでデータが同期されることから、記録の改ざんや不正取引を防止しやすいという特徴を持つ。このため暗号資産（仮想通貨）以外にも様々な用途で使われている。

【便宜置籍船（Flag of Convenience：FOC）】税金その他の点で便宜を与えてくれる国で船籍登録した船舶が掲げる登録国の国旗、また、そのような外国に登録された船舶をいう。パナマやリベリアが便宜置籍国として有名。

【マテハン（Material Handling）】マテリアルハンドリングの略で、モノの運搬、取り扱いを指す。荷役作業において人手ないし簡易な道具を用いて行う作業のことで、商品の取り扱いの省力化を目的とする。

【モーダルシフト（Modal shift）】現在使用している交通機関を変更すること。現在、環境保全・労働問題の一環として、トラックから海運や鉄道にモードをシフトさせることが検討されている。しかし、トラックと他の交通機関との接点となるターミナルの整備が必要である。

【輸送活動量（トン／キロ）（Ton Kilometer）】貨物輸送量を表す仕事量の単位。輸送した重さと輸送距離を乗じる。トン数とトンキロ数を並べることで輸送機関別に運んだ量を比べることが可能になる。

【ユニットロードシステム（Unit Load System）】個々の輸送物品をある単位にまとめた状態をいう。個々の荷物を大量に扱う場合、コンテナ・パレット・容器でまとめ、ひとつの貨物にすることによって、荷役や輸送の効率化が実現できる。

【ロジスティクス（Logistics）】調達・生産・販売・消費を考えながら、顧客のニーズに適合させて、原材料の仕入れから半製品や完成品の効率的な流れを計画、実施、管理すること。この時、必要な商品や物資を、適切な時間・場所・価格・品質・量で、できるだけ少ない費用で供給しようと考えることをいう。

【リードタイム（Lead Time）】商品の発注から納品までにかかる時間であり、受発注時間（発注者が受注者に発注内容を伝達し、その情報を受注者が処理する時間）、施設内作業時間（受注者が生産、流通加工、包装、荷役などを行う時間）、輸配送時間（商品を発注者に届ける時間）の3つから構成される。

【リーファーコンテナ（Reefer Container）】コンテナ内部に備えつけられた冷却装置により、内部の温度調整を可能とするコンテナ。

【流通加工】物流機能のひとつ。商品を輸送や保管する場合に、商品の付加価値を高めることや、商品を管理するための簡単な作業や細かな移動のことを指す。加工作業・生産加工・販売促進加工に分類される。

【利用運送】自らはトラックなどの輸送手段を持たず、荷主からの依頼を受けて実運送事業者（トラック・船舶・鉄道・航空）を利用して行う貨物運送事業をいう。

【リーン物流】リーン生産システムから派生した言葉。無駄のない物流を意味する。

【ルート配送】事前にルート（道順）を決めて、あらかじめ決まっている取引先へ商品を納品していく方法のことをいう。

【ロット（lot）】材料と工程と製造時期が同じ貨物をまとめた単位。これは、生産する時のロットであるので、生産ロットという。他にも、購入ロット・出荷ロットなどの使い方をする。

【ロードプライシング（混雑課金）】有料道路で時間帯によって料金を変更し、交通量の調整を行う施策。渋滞緩和や環境への配慮などを目的に行われる。

【ABC Analysis】「ABC分析」参照。

【BCP（Business Continuity Planning）】災害などの緊急事態における企業や団体の事業継続計画。

【B／L】「船荷証券」参照。

【CLO（Chief Logistics Officer：最高ロジスティクス管理者）】企業のロジスティクス戦略全般の責任を担う役員である。企業内でロジスティクスの重要性を認識し、CEO（Chief Executive Officer、最高経営責任者）とは別にロジスティクス戦略の計画から実行を管理する責任者である。

【DX（Digital Transformation）】デジタル技術を活用してビジネスを変革するもので、企業価値を高め、競争力の維持・獲得・強化を果たす。

【EDI（Electronic Data Interchange）】電子情報交換のこと。異なる企業間を通信回線で結び、広く合意された標準規約に基づき、企業間の取引に関する情報を交換する仕組みのこと。

【FCL（Full Container Load）】コンテナ1個を単位として輸送される大口貨物をいう。

【FEU（Forty Foot Equivalent Units）】40フィートコンテナ換算。コンテナの単純合計個数で表示する代わりに、20フィートコンテナ1個を0・5とし、40

フィートコンテナ1個を1とし、コンテナ取扱貨物量を表示する計算方法である。「TEU」参照。

【FIATA (International Federation of Freight Forwarders Associations：国際貨物輸送業者協会連合会)】世界フォワーダー協会のこと。日本では国際フレイトフォワーダーズ協会、日本海運貨物取扱業会と航空貨物運送協会が正会員として加盟している。

【FOC (Flag of Convenience)】「便宜置籍船」参照。

【IATA (International Air Transport Association：国際航空運送協会)】1945年にオランダのハーグで結成された世界の民間定期航空会社の団体で、国際航空運賃の決定や会社間の運賃貸借の決済を行う。航空券事務のため、アルファベットと数字の組み合わせであるIATAコードを空港、都市、航空会社などに割り当てている。

【ICAO (International Civil Aviation Organization：国際民間航空機関)】1944年に締結された国際民間航空条約（通称シカゴ条約）に基づき、1947年4月4日に発足。国際民間航空に関する原則と技術を開発・制定し、その健全な発達を目的とする。シカゴ条約批准国は自動的にICAOに加盟することになっている。

【IMO】「国際海事機関」参照。

【ISO (International Organization for Standardization：国際標準化機構)】スイスのジュネーブに本部を置く非政府機関。おもな活動は国際的に通用する規格を制定することであり、ISOが制定した規格をISO規格という。

【ITS (Intelligent Transport Systems)】自動車と道路交通環境を統合的に情報化することによって、安全性と快適性を求める交通システムである。情報通信技術を用いて、人と道路と車両とをネットワーク化することにより、交通事故や渋滞などの道路交通問題を解決する。

【JIFFA (Japan International Freight Forwarders Association)】社団法人国際フレイト

フォワーダーズ協会。

【JIT（Just In Time：ジャストインタイム）】トヨタ自動車の生産方式であったが、今は全世界で広まっている。生産工程において「必要なタイミングで、必要なものを、必要なだけ作る」という考え方。JITの目的は、部品などの在庫を減らし、製品の完成までのリードタイム（期間）を短縮すること。

【LCL（Less than Container Load）】コンテナ1個に満たない小口貨物をいう。LCL貨物は輸送業者に直接引き受けられる場合もあり、運送取扱人によって貨車またはコンテナの単位に集約され、混載として運送される。

【NACCS（Nippon Automated Cargo and Port Consolidated System）】通関（輸出入申告）や輸入の際の関税の納付などを効率的に処理する、税関官署・運輸業者・通関業者・倉庫業者・金融機関相互をつなぐ電子的情報通信システム。航空貨物（Air-NACCS）、海上貨物（Sea-NACCS）がある。

【NVOCC（Non-vessel-operating Common Carrier）】輸送手段を持たない海上貨物輸送業者で、定期船を運航する船会社と対比される。運賃が安い2つ以上の運送手段を組み合わせ、複合一貫輸送サービスが提供できることが強みである。日本では、国土交通大臣の許可が必要。

【POS（Point of Sales System）】販売時点情報管理システムのこと。商品の単品ごとの販売状況を瞬時に把握することができる。

【RFID（Radio Frequency Identification）】非接触認識システムのこと。無線を利用したICタグ。IC（集積回路）チップを埋め込んだICタグと、それを読み取ったり、書き込んだりするリーダー・ライターから構成されている。

【RORO船（Roll on Roll off Ship）】フェリーのようにランプウェイを備え、トレーラーなどの車両を収納する車両甲板を持つ貨物船。クレーンなどを使わずトラックなど車両が自走で乗り込み、貨物を搭載したまま輸送できる。

【SCM（Supply Chain Management：サプライ

チェーンマネジメント)】原材料の調達から完成品の消費までを結び、一括して計画・管理する経営手法である。関連企業が情報を共有し、生産管理や在庫管理に生かすことで関連企業の全体最適化を目指す。例えば、店頭で売れている商品を生産者が把握できれば、適切な生産管理ができる。

【SDGs (Sustainable Development Goals：持続可能な開発目標)】２０３０年までに持続可能でよりよい世界を目指す国際目標で、17のゴール・１６９のターゲットから構成される。

【Sea Waybill：海上運送状】通常の船荷証券（B／L）と違い、有価証券ではなく、貨物の権利証としての機能はないため、流通性はない。

【TEU (Twenty Foot Equivalent Unit)】20フィートコンテナ換算単位。コンテナを単純合計個数で表示する代わりに、20フィートコンテナ1個を1、40フィートコンテナ1個を2として、コンテナ取扱貨物量を表示する計算方法である。コンテナ船の積載容量も一般にＴＥＵで表示される。

【TMS (Transport Management System)】輸配送管理システム。

【TOC】「制約理論」参照。

【VMI (Vender Managed Inventory：ベンダー管理在庫方式)】ベンダーが需要予測を行い、小売業者の販売状況や在庫状況を把握し、小売業者の在庫を補充する。そのため、小売業者は発注業務を行わない。

【WMS (Warehouse Management System：倉庫管理システム)】入庫・出庫のデータを管理するために、情報システムの内で、倉庫内業務だけを切り分けて管理するシステムである。おもに「在庫の把握」と「作業の支援」という2つの問題を解決する仕組みとなっている。

【3PL (Third Party Logistics：サードパーティロジスティクス)】荷主に対して物流改革を提案し、包括して物流業務を受託するサービス、あるいはそのサービスを提供する物流専門業者である。３ＰＬ業者は、荷主に対して在庫管理・輸配送などの計画やシ

ステム構築を含む物流全般のノウハウを提供する。

【5R】ごみを減らすための、Rで始まる5つの行動。Reduce（リデュース）・Reuse（リユース）・Recycle（リサイクル）・Refuse（リフューズ）・Repair（リペア）。

参考文献

森隆行『現代物流の基礎［第3版］』同文舘出版（2018）
森隆行『物流とSDGs』同文舘出版（2023）
苦瀬博仁編著『（増補改訂版）ロジスティクス概論』白桃書房（2021）
武城正長・國領英雄『現代物流』晃洋書房（2005）
中田信哉、橋本雅隆他『現代物流システム論』有斐閣アルマ（2003）
JILS『基本ロジスティクス用語辞典』第2版 白桃書房（2002）
齋藤実『物流用語の意味がわかる辞典』日本実業出版社（2000）
アラン・マッキノン『Decarbonizing Logistics』Kogan Page（2018）
E・H・フレーゼル『サプライチェーン・ロジスティクス』白桃書房（2007）
D・スミチ・レビ、P・カミンスキー、E・スミチ・レビ『マネージング・ザ・サプライ・チェイン』朝倉書房（2005）
D・J・パワーソックス、D・J・クロス、M・B・クーパー『サプライチェーン・ロジスティクス』朝倉書房（2004）
ショシャナ・コーエン、ジョセフ・ルーセン『戦略的サプライチェーンマネジメント』英治出版（2015）
中野幹久『サプライチェーン・マネジメント論』中央経済社（2016）
鈴木邦成、中村康久『シン・物流革命』幻冬舎（2022）
平田燕奈、松田琢磨、渡辺大輔『新国際物流論　基礎からDXまで』晃洋書房（2022）
「LOGI-BIZ」（月刊ロジスティクス・ビジネス）ライノス・パブリケーションズ　2024年1月号他各号
エリック・バロー、ブノア・モントルイユ、ラッセル・メラー『フィジカルインターネット』日経BP（2020）
荒木勉編『フィジカルインターネットの実現に向けて』日経BP（2022）
内閣官房「物流革新に向けた政策パッケージ」我が国の物流の革新に関する関係閣僚会議（令和5年6月2日）
内閣官房「物流革新緊急パッケージ」我が国の物流の革新に関する関係閣僚会議（令和5年10月6日）

雨宮寛二『世界のDXはどこまで進んでいるか』新潮社（2023）
宮林正恭『リスク危機マネジメントのすすめ』丸善出版（2013）
仁木一彦『図解ひとめでわかるリスクマネジメント（第2版）』東洋経済新報社（2012）
CSCMO「2014 Carria Perspectives of Logistics & Supply Chain Management Professionals」
「LOGI-BIZ」2024年1月号
国土交通省「総合物流施策大綱」（平成9年）
我が国の物流の革新に関する関係閣僚会議「物流革新に向けた政策パッケージ」（令和5年6月2日）資料
森隆行編『モーダルシフトと内航海運』海文堂（2020）

著者略歴

森 隆行（もり たかゆき）

一般社団法人フィジカルインターネットセンター理事長、流通科学大学名誉教授
1952年徳島県生まれ。大阪市立大学商学部卒業。1975年に大阪商船三井船舶株式会社に入社し、大阪支店輸出二課長、広報課長、営業調査室室長代理を務める。AMT freight GmbH（Deutschland）社長、株式会社商船三井営業調査室主任研究員、東京海洋大学海洋工学部海事システム工学科講師（兼務）、青山学院大学経済学部非常勤講師（兼務）、流通科学大学商学部教授を経て現在に至る。タイ王国タマサート大学客員教授、神戸大学大学院海事科学研究科国際海事研究センター客員教授、タイ王国マエファルーン大学特別講師なども務める。
著書に『新訂 外航海運概論（改訂版）』（成山堂書店）、『物流の視点からみたASEAN市場』（カナリアコミュニケーションズ）、『現代物流の基礎 第3版』（同文舘出版）、『市民の港 大阪港一五〇年の歩み』『水先案内人』（晃洋書房）、『神戸港 昭和の記憶』（神戸新聞総合出版）、『環境と港湾』（海文堂出版）などがある。

CLO〈Chief Logistics Officer〉の仕事
――物流統括管理者は物流部長とどう違うのか？

2024年6月28日初版発行

著　者 ―― 森 隆行

発行者 ―― 中島豊彦

発行所 ―― 同文舘出版株式会社

東京都千代田区神田神保町1-41　〒101-0051
電話　営業03（3294）1801　編集03（3294）1802
振替00100-8-42935
https://www.dobunkan.co.jp/

ISBN978-4-495-54162-0
印刷／製本：三美印刷
Printed in Japan 2024